La
INERRANCIA
Bíblica

Ensayo sistemático,
exegético e histórico

Andrés Messmer
y
José U. Hutter

Editorial CLIE
www.clie.es

EDITORIAL CLIE
C/ Ferrocarril, 8
08232 VILADECAVALLS
(Barcelona) ESPAÑA
E-mail: clie@clie.es
http://www.clie.es

LA INERRANCIA BÍBLICA
ISBN: 978-84-17620-96-7
Depósito Legal: B 22738-2020
Estudio Bíblico
Hermenéutica y exégesis
Referencia: 225147

Acerca de los autores

José Uwe Hutter, nacido en Alemania, tiene una licenciatura y máster en Teología por la STH (Basilea, Suiza); una especialización en lenguas bíblicas (hebreo, griego y arameo) y un doctorado en divinidades por la Facultad Teológica Cristiana Reformada (Madrid).

Es profesor ordinario en la Facultad Teológica Cristiana Reformada, presidente del departamento de teología del Instituto Bíblico Online y miembro de la comisión teológica de la Alianza Evangélica Europea.

Andrés Messmer, licenciado por Faith Baptist Bible College (Iowa, EE.UU.), tiene un máster en divinidades por el Phoenix Seminary (Arizona, EE.UU.) y un doctorado por el Evangelical Theological Seminary (Lovaina, Bélgica). Es profesor en el IBSTE (España) y decano académico de máster en el Seminario Teológico de Sevilla.

Contenido

Dedicamos este libro al Dr. Norman Geisler (1932-2019), que falleció durante la creación del mismo. En gran parte, es gracias a él que hay una nueva generación de cristianos que proclamamos: *"Lo que dice la Biblia, lo dice Dios"*.

Abreviaturas

1 Clem	*1 Clemente*
ARN	*Avot de Rabí Natán*
ATR	*Anglical Theological Review*
BARev	*Biblical Archaeological Review*
BDAG	Walter Bauer et al., *A Greek-English Lexicon of the New Testament and Other Early Christian Literature*
BHS4	Biblia Hebraica Stuttgartensia, 4ª edición
Bovell, *Interdisciplinary Perspectives*	Carlos Bovell (ed.), *Interdisciplinary Perspectives on the Authority of Scripture: Historical, Biblical, and Theoretical Perspectives*
Carson, *Enduring Authority*	D. A. Carson (ed.), *The Enduring Authority of the Christian Scriptures*
Geisler, *Inerrancy*	Norman Geisler (ed.), *Inerrancy*
HALOT	*The Hebrew and Aramaic Lexicon of the Old Testament*
Hannah, *Inerrancy*	John Hannah (ed.), *Inerrancy and the Church*
IEJ	*Israel Exploration Journal*
Ignacio, *Ef; Mag; Rom; Esm; Tral*	cartas a los efesios, magnesios, romanos, esmirniotas y tralianos
Orr, *ISBE*	James Orr (ed.), *International Standard Bible Encyclopedia*
JETS	*Journal of the Evangelical Theological Society*
Josefo, *Antig; Con. Ap.*	*Antigüedades; Contra Apión*
JR	*The Journal of Religion*
JSNT	*Journal for the Study of the New Testament*
JSOT	*Journal for the Study of the Old Testament*
LCL	*Loeb Classical Library*
m.	Mishnah Avot; Ber.; Hor.; Maas. Sh.; Meil.; RoshHa.; Sot.; Taan.; Yoma: tratados Avot, Berajot, Horayot, Maaserot Sheni, Meilá, Rosh Hashaná, Sotá

NA28	Nestle-Aland *Novum Testamentum Graece*, 28ª edición
NIGTC	New International Greek Testament Commentary
PG	*Patrologia Graeca*
PL	*Patrologia Latina*
Policarpo, *Fil*	carta a los filipenses
UBS5	United Bible Societies *Greek New Testament*, 5ª edición
WBC	Word Biblical Commentary

Introducción

Como ha señalado Wayne Grudem en su obra magisterial sobre la teología sistemática, la doctrina de la inspiración conlleva —por lo menos—cuatro consecuencias: autoridad, claridad, necesidad y suficiencia.[1] Bajo el encabezamiento de autoridad se encuentra la relación entre la Biblia y la verdad. Es decir, la inspiración conlleva la autoridad, la cual a su vez conlleva afirmaciones respecto a la verdad. La doctrina específica que trata este tema se llama "la inerrancia" y es el tema de este libro.

El debate sobre la inerrancia es uno que se ha luchado principalmente en países con tradición protestante y, por tanto, en los idiomas alemán, holandés, francés y sobre todo inglés; pero dos motivos nos han movido a escribir un libro sobre el tema para el mundo de habla hispana. Primero: el tema en sí merece la pena. Los cristianos deben saber qué tienen en las manos cuando abren la Biblia. La Biblia es el libro más importante para los cristianos, sobre ella muchos han basado su fe y práctica, y deben saber si contiene errores —por ejemplo, de tipo científico, arqueológico, filosófico, religioso, etc.— o no. Segundo: hemos visto en los últimos años un crecien-te interés en la inerrancia dentro del mundo de habla hispana, demostrado por el creciente espacio dedicado al tema en varias plataformas sociales, tanto por los que la atacan como por los que la defienden. Por desgracia, hemos notado también que, en muchos casos, los dos bandos están mal in-formados, y sus críticas y defensas respectivas solo aportan más confusión al respecto. Así que, por estos dos motivos, hemos decidido dedicarnos al tema de manera seria y responsable.

Para los que están interesados en el trasfondo más específico del libro, los capítulos expuestos aquí tienen su origen en una conferencia que los dos autores dimos sobre el mismo tema el día 11 de noviembre de 2018 en Madrid para celebrar el 40 aniversario de la renombrada Conferencia Internacional sobre la Inerrancia Bíblica (ICBI según sus siglas en inglés), un hito de mucha importancia respecto a la inerrancia. En la conferencia también expusimos sobre dos temas adicionales, a saber, una respuesta a dos teólogos españoles que recientemente habían criticado fuertemente

---

1 *Teología sistemática: una introducción a la doctrina bíblica,* trad. Miguel Mesías, José Luis Martínez y Omar Díaz de Arce (Miami, FL: Editorial Vida, 2009), 74-142.

la inerrancia, y una ponencia sobre la relación entre la inerrancia y la predicación. No hemos incluido aquí dichas ponencias porque quedaban fuera de nuestro enfoque principal, que es tratar con unos de los temas más importantes relacionados con la inerrancia. Sin embargo, esperamos que los lectores puedan ver la aplicación práctica que la inerrancia tiene para nuestras iglesias: trata con la Palabra que leemos, estudiamos y predicamos y sobre la cual basamos nuestra fe en Jesucristo.

En cuanto al plano del libro, tiene la siguiente lógica. El capítulo primero expone la inerrancia desde una perspectiva sistemática y expone el argumento de que, como las palabras de Dios son veraces (es decir, inerrantes), y como la Biblia es la Palabra de Dios, entonces la Biblia es inerrante también. El segundo capítulo presenta una exégesis profunda sobre los dos textos clásicos sobre la inspiración, a saber, 2 Timoteo 3:14-17 y 2 Pedro 1:19-21. La conclusión del capítulo es que Dios ha inspirado toda la Escritura y que dicho acto conlleva la inerrancia. El tercer capítulo presenta el testimonio de la Iglesia primitiva con respecto a la inspiración e inerrancia de la Biblia, y concluye que la inerrancia —tal como lo conocemos hoy— ya estaba presente en los primeros siglos. El cuarto capítulo trata con el canon de la Biblia. Queda incluido en el libro porque expone la limitación de la inerrancia, a saber, a los 66 libros de la Biblia (protestante). El último capítulo es un apéndice donde se presentan los documentos fundamentales de la Conferencia Internacional sobre la Inerrancia Bíblica.

Es de suma importancia aclarar que la inerrancia no se trata de cómo interpretar la Biblia —pues dicho tema forma parte la hermenéutica— sino de qué es la Biblia. Es decir, la inerrancia responde a preguntas sobre la naturaleza de la Biblia respecto a su relación con la verdad y no sobre el significado de la Biblia. Dicho de otra manera: aquí hablamos de temas relacionados con la ontología y no de los relacionados con la epistemología.

Somos muy conscientes del hecho de que no hemos escrito el libro definitivo de sobre la inerrancia, e incluso habrá matices que los mismos autores no compartimos. Sin embargo, estamos totalmente persuadidos de que la inerrancia es una doctrina bíblica y que ha sido la creencia de la Iglesia desde el principio hasta ahora. Dios ha hablado en la Escritura y, por lo tanto, "Lo que dice la Escritura, lo dice Dios".

Andrés Messmer
José Hutter
Cuaresma, 2019

I
Inerrancia y la naturaleza de la Biblia

1. Introducción

Hace cuarenta años, expertos y pastores de todo el mundo se reunieron en Chicago (EE.UU.) para realizar una conferencia que se llamaba la Conferencia Internacional sobre Inerrancia Bíblica (ICBI por sus siglas en inglés), y produjeron la Declaración de Chicago sobre la inerrancia bíblica.[2] Aunque esta Declaración, equilibrada y cuidadosamente expresada, ha sido de mucha utilidad al mundo de habla inglesa durante una generación, no ha tenido un impacto similar en el mundo de habla hispana.[3] Este estudio tiene como intención llenar ese vacío ofreciendo una explicación actualizada y una defensa de la postura defendida en la ICBI. Y, para tal fin, ha sido organizado del siguiente modo: tras discutir brevemente varias formas de argumentación lógica, la parte central se dedica a explicar y defender el siguiente silogismo: 1) las palabras de Dios son verdad (es decir, inerrantes); 2) la Biblia[4] es la palabra de Dios; 3) por tanto, la Biblia

2 Es muy interesante que, aunque los protestantes conservadores no brillan por su ecumenismo, dicha conferencia fue una gran excepción: asistieron unos 300 expertos y pastores de cada una de las denominaciones más importantes.

3 Ricardo Rábanos Espinosa cita solo nueve trabajos (algunos bastante cortos) que giran en torno al tema de la inerrancia; ocho escritos antes que la ICBI, y el noveno, que trata sobre las posiciones defendidas por el Concilio Vaticano II sobre el asunto (*Bibliografía bíblica hispanoamericana* [BHB 15; Madrid: Consejo Superior de Investigaciones Científicas, 1993], cf. # 186, 191-195, 2348-2349, 3615); Klaus van der Grijp no cita ningún trabajo sobre la inerrancia, y cita solo uno sobre la inspiración –¡y del año 1895!– («Ensayo de una bibliografía de la historia del protestantismo español», en *Diálogo Ecuménico* 38.119 [2002]: 329-652); Olegario González de Cardenal tampoco discute sobre inspiración ni inerrancia (*La teología en España (1959-2009)* [Madrid: Ediciones Encuentro, 2010]).

4 En este trabajo el término 'Biblia' se refiere a los 22 libros de las Escrituras judías (los cuales corresponden a los 39 libros del AT protestante) y a los 27 libros del NT cristiano. Para un trabajo básico sobre el canon del AT, cf. Roger Beckwith, *The Old Testament Canon of the New Testament Church* (London: SPCK, 1985); para el canon del NT, cf. F. F. Bruce, *The Canon of Scripture* (Downers Grove, IL: InterVarsity Press, 1988); traducido al español bajo el título *El canon de la Escritura* y publicado por la Editorial

es veraz (esto es, inerrante). El trabajo concluye con una discusión sobre lo que no significa el término inerrancia y sobre por qué es importante.

Primero, aclaremos la definición de inerrancia y hagamos una apreciación importante más. Definimos la inerrancia de la siguiente manera: la inerrancia significa que, una vez conocidos todos los hechos, las Escrituras –en su *autógrafo* original y apropiadamente interpretada– serán mostradas como totalmente verdaderas en todo lo que dicen, tanto si se refieren a asuntos de fe y práctica, como a aquellos de ciencia, historia, etc. y en diversos grados de claridad y precisión correspondientes a sus propósitos.[5] Segundo, en este estudio la inerrancia será tratada de forma general, sin entrar en argumentos detallados sobre otros asuntos relacionados con ella. Por tanto, asuntos como acomodación, pseudoepigrafía, diversidad teológica, uso del Antiguo Testamento en el Nuevo y datos supuestamente conflictivos de textos sinópticos quedarán fuera de este trabajo, en espera de otra mejor ocasión para su discusión.

2. Formas de argumentación

El argumento principal de este estudio adopta la forma del silogismo, y, por lo tanto, hace falta una breve discusión de silogismo y argumentación lógica.[6]

2.1. Lógica deductiva

Un silogismo tiene tres partes: 1) una premisa mayor, que afirma una verdad universal; 2) una premisa menor, que afirma una verdad particular; y 3)

Andamio. En cuanto a los textos mismos, para el AT se ha usado el BHS4, y para el NT, el NA28/UBS5.

5 Esta definición viene de Paul Feinberg y ha sido ligeramente modificada: "The Meaning of Inerrancy," en Geisler, *Inerrancy*, 294; está muy cercana y alineada con la de Archibald Hodge y B. B. Warfield, "Inspiration," *The Presbyterian Review* 6 (1881): 225-260, aquí 238. Debería percibirse que como la palabra inerrancia va ligada a las afirmaciones de la verdad, otros significados de comunicación como mandamientos, preguntas, parábolas, proverbios, etc. quedan incluidos en este estudio solo en la medida en que, de algún modo, afirmen indirecta o implícitamente la verdad.

6 Aunque los silogismos tienen origen griego, lo cual les hace estar potencialmente limitados para defender una verdad basada en un pensamiento hebraico, son también lógicos y, por tanto, universales. Los griegos simplemente eran los mejores en la conceptualización y organización del pensamiento lógico. Las Escrituras hebreas adjudican claramente la veracidad a Dios y a sus palabras (2Sa 7:28; 22:31; Sal 12:6; 18:30; 119:140, 160; Pr 8:8; 30:5), y así ofrecen un argumento directo, hecho desde un marco hebreo, a favor de la verdad plena de las Escrituras. Lo que las Escrituras hebreas hacen declarativamente explícito, el silogismo griego lo hace lógicamente explícito.

una conclusión, que afirma la relación adecuada entre la verdad universal y la particular. Este tipo de lógica es específicamente adecuada en la lógica deductiva, que es la que asume la validez de una verdad universal para llegar a conclusiones en relación a verdades particulares. Un ejemplo de lógica deductiva que usa un silogismo podría ser este: 1) todos los cuervos son negros; 2) este pájaro es un cuervo; 3) por tanto, este cuervo es negro. Dicho razonamiento es idóneo en ámbitos como en las matemáticas, las ciencias 'duras' y el de muchos otros ejemplos de experiencia humana.

2.2. Lógica inductiva

Existe otro tipo de lógica, sin embargo, que se opone a la deducción y que se llama lógica inductiva. La inducción pone objeciones a la metodología de comenzar con verdades universales asumidas, basándose en la gran variabilidad y unicidad de verdades particulares.[7] Por tanto, así como la deducción comienza con lo universal y busca explicar lo particular, la inducción comienza por lo particular y busca llegar a lo universal. Volviendo al silogismo usado antes, la inducción podría objetar a la premisa mayor que no hay modo de conocer si todos los cuervos son negros o no (porque, al fin y al cabo, ¿quién lo ha comprobado?) y que algunos podrían realmente ser blancos o marrones (pues ¿es que no existen anomalías en el mundo real?). En otras palabras: lo particular debe ser conocido antes de que la lógica inductiva pueda hablar con confianza; y, como lo particular casi nunca es conocido, la lógica inductiva provee, no de conclusiones ciertas, sino de grados diversos de probabilidad. Este modo de razonar es idóneo en ámbitos como en los de fenómenos históricos y lingüísticos, así como de otros casos de experiencia humana.

2.3. Lógica abductiva

Una postura intermedia entre la lógica deductiva e inductiva es la lógica abductiva. La abducción usa la premisa mayor de un argumento como una definición en marcha (es decir, deducción), pero está dispuesta a revisarla si los datos suficientes exigen cuestionar su validez (es decir, inducción), y crea así una relación interdependiente entre las dos premisas. La lógica abductiva no puede proveer, como hace la lógica deductiva, de una certeza absoluta, ni tampoco de una ausencia de certeza, como hace la lógica inductiva. Lo que hace es proveer de un grado relativamente alto de certeza

---

7 Es decir, la lógica inductiva objeta a las asunciones de la lógica deductiva, que los objetos mencionados en la premisa mayor y menor son idénticos.

basado en la coherencia de la verdad universal y la particular. Si volvemos de nuevo al silogismo anterior, lo que sucede es que mientras la suposición de que todos los cuervos son negros sea coherente con los datos que la experiencia nos da de que todos los cuervos son negros, uno puede tener un grado de certeza relativamente alto de que el cuervo particular del que hablamos es negro. Este tipo de razonamiento es idóneo para ser usado por detectives y abogados que tratan de explicar los hechos observables a la luz de sus teorías en marcha.

2.4. Resumen

Para explicar la inerrancia, este trabajo trata de usar un silogismo extendido basado en razonamiento abductivo,[8] que es este: 1) las palabras de Dios son verdad; 2) la Biblia es la palabra de Dios; 3) por tanto, la Biblia es verdad. En teoría, aunque todos los cristianos están de acuerdo con la premisa mayor de que las palabras de Dios son verdad, la mayoría del debate se centra en la premisa menor, referida al origen divino de la Biblia y a las implicaciones que ello tiene para su inerrancia. Por tanto, la mayoría de este estudio se dedicará a interactuar con la afirmación de que la Biblia es la palabra de Dios. Finalmente, si ambas, la premisa mayor y menor, son coherentes entre sí, podremos tener un grado de certeza relativamente alto para concluir que la Biblia es verdad (es decir, inerrante). Como la Biblia es la fuente de autoridad final (si bien, no la única) del cristiano, se usa como la fuente primaria de la que se toman los datos.

3. Las palabras de Dios son verdad

Como son pocos, si es que hay alguno, los cristianos que dudan de la premisa mayor de que las palabras de Dios son verdad, el espacio que dedicaremos a articular y defender esto será relativamente pequeño. La plena verdad de Dios es afirmada abiertamente en toda la Escritura. Los pasajes más importantes referidos a esto se citan más abajo, agrupados además en dos amplias categorías: 1) los pasajes que hablan de la plena verdad de Dios en general; 2) los pasajes que conectan la plena verdad de Dios con palabras específicas, bien habladas o escritas.

---

8 Un enfoque similar ofrece Feinberg, "The Meaning of Inerrancy," 269-276; Armin Baum, "Is New Testament Inerrancy a New Testament Concept? A Traditional and Therefore Open-Minded Answer," *JETS* 57.2 (2014): 265-280, aquí 277-280 (sugerentemente).

3.1. La plena verdad de Dios en general

Para empezar, la Escritura habla de la plena verdad de Dios en general.[9] Varios pasajes atestiguan la plena verdad de Dios de modo positivo declarando que Dios es verdad (2Cr 15:3; Jer 10:10; Jn 3:33; 7:28; 17:3; Ro 3:4; Ef 4:21; 1Ts 1:9; 1Jn 5:20; Ap 3:7; 6:10; 19:11). De hecho, Jesucristo se llama a sí mismo "la verdad" (Jn 14:6), y uno de los nombres del Espíritu Santo en la literatura juanina es 'Espíritu de verdad' (Jn 14:17; 15:26; 16:13; 1Jn 5:6).[10] Lo que todos estos pasajes tienen en común es que testifican de la plena verdad de Dios en un nivel básico, es decir, que la verdad plena es parte del carácter de Dios.

3.2. La plena verdad de Dios con respecto a sus palabras

Segundo, y más inmediatamente relevante para nuestra discusión, hay varios pasajes que hablan de la plena verdad de Dios en relación a sus palabras, bien habladas o escritas. Por un lado, varios textos se refieren a la plena verdad de Dios en forma negativa, declarando que Dios no puede mentir ni decir falsedades (Nm 23:19; 1Sa 15:29; Tit 1:2; Heb 6:18; 1Jn 5:10). Por otro lado, varios textos atestiguan la plena verdad de Dios en forma positiva, afirmando que Dios habla verazmente (2Sa 7:28; 22:31; Sal 12:6; 18:30; 19:9; 119:43, 142, 151, 160; Pr 30:5; Da 10:1; Jn 8:45-46; 15:26; 16:7, 13; 17:17). De interesante y especial interés es Proverbios 30:5, que dice que "toda palabra de Dios es limpia".[11] Hay tres observaciones importantes a hacer en relación con este versículo. Primero: el autor llama la atención a la "palabra" (Heb: אִמְרָה) de Dios, que se refiere a palabras concretas que vienen de Dios y que suelen ser usadas en contextos referidos a las palabras escritas de Dios (Dt 33:9; Is 5:24; Sal 12:6; 119:11, passim; Lm 2:17). En este contexto, la "palabra" de Dios se refiere probablemente a un

---

9 Por el bien de la comparación, hay mezcla de testimonio referente a cómo los griegos comprendieron la plena verdad de sus dioses. Por un lado, Platón (República 2:382e) y Demóstenes (Oraciones 18:289) entendieron que los dioses estaban libres de mentira. Por otro, Platón responsabiliza a Homero de atribuir falsedad a los dioses (República 2:383a; cf. Homero, Ilíada 2:111-115).

10 Puede ser que 1Jn 4:6 sea otra referencia al Espíritu Santo, pero su comparación con el "espíritu de error" podría implicar que el referente es más bien "uno en quien la verdad mora" (cf. Stephen Smalley, 1, 2, 3 John [WBC 51; Nashville, TN: Thomas Nelson, 1993], 230).

11 Todas las citas son tomadas de la Reina-Valera 1995. Proverbios 30:5 comparte mucho del lenguaje de Sal 18:30 (cf. 2Sa 22:31). La contribución especial en el texto de Proverbios está en "toda" palabra de Dios. Para otro texto similar (aunque distinto), cf. Sal 119:151.

texto escrito como la Torá.[12] Segundo: el autor llama la atención a "toda" (Heb: כֹּל) palabra de Dios, que se refiere a toda la naturaleza de la plena verdad de Dios respecto a su comunicación verbal. Tercero: la palabra "verdadero" en este verso es צָרַף, que suele ser traducida como "refinada" y que, normalmente, se asocia al proceso de refinar o limpiar las imperfecciones de metales preciosos como el oro y la plata.[13] Por tanto, según Proverbios 30:5, toda palabra de Dios es tan refinada y pura –y por tanto, tan verdadera– como el oro puro o la plata pura.

3.3. Conclusión

Concluyendo, la Biblia testifica que tanto el carácter de Dios como sus palabras son de plena veracidad. Esta es la premisa mayor del argumento y, aunque una puede ser justificada deduciendo inmediatamente de esta conclusión que la Biblia es verdad también, no obstante, es importante mirar a los datos de la premisa menor para ver si es coherente con la premisa mayor. Volvamos ahora a la premisa menor del silogismo.

4. La Biblia es la palabra de Dios

Esta sección trata de la premisa menor, que es el foco del debate sobre la inerrancia, es decir, que la Biblia es la palabra de Dios. Se divide esta sección en cuatro partes principales: la primera parte presenta evidencias para que la misma Biblia declare su propio origen divino, y para su posterior reconocimiento como tal; la segunda parte abarca el asunto de si la propia revelación de Dios en la Biblia es subjetiva u objetiva (es decir, inspiración verbal); la tercera parte trata con el asunto de si la revelación que Dios hace de sí mismo está o no mezclada con la experiencia humana (es decir, inspiración plenaria); y la cuarta parte discute la encarnación como una posible ilustración para comprender la inspiración de la Biblia.

4.1. Evidencias de que la misma Biblia declara su propio origen divino y su reconocimiento posterior como tal

La primera parte presenta evidencias de la misma Biblia sobre su origen divino y de su reconocimiento posterior como tal. Lo que ello implica es lo siguiente: si la argumentación presentada arriba es correcta de que Dios

---

12 Así Ronald Murphy, *Proverbs* (WBC 22; Nashville, TN: Thomas Nelson, 1988), 229. Murphy señala, menos mal, el contraste entre la palabra de Dios en el v. 5 y el propio testimonio de Agur en los vv. 2-3. La implicación es que, aunque Agur (representante de todos los seres humanos) está limitado en conocimiento, Dios no lo está.

13 *HALOT*, 3:1057.

y sus palabras son verdad, entonces aquellas porciones de la Biblia que aseguran provenir de Dios son también verdad (es decir, inerrantes).[14] Además, textos bíblicos posteriores que reconocen escritos previos como de origen divino ayudan a completar el cuadro de que la Biblia, como un todo, proviene de Dios. A partir de aquí, la evidencia que presentamos sigue este orden, y ha sido dividida en textos del Antiguo Testamento y textos del Nuevo Testamento.

4.1.1. *La afirmación del Antiguo Testamento sobre su propio origen divino*

Para empezar, varias porciones de las Escrituras reclaman venir de Dios, y eso ocurre al menos de dos modos distintos. Primero: los Diez mandamientos son únicos en el sentido de que fueron escritos por "el dedo de Dios" (Éx 20:1-17; 24:12; 31:18; 32:16; 34:1, 28; Dt 4:13; 5:6-22; 9:10; 10:1-4).[15] Como es Dios mismo el que, de manera única, declara ser el autor de este texto, puede decirse que en él no hay error.[16]

Segundo, y más comúnmente, se presentan los profetas del Antiguo Testamento como portavoces de Dios y, por tanto, sirven como un vínculo directo entre Dios y el texto escrito.[17] Un texto que hace explícito cómo

---

14 Salvo, obviamente, que sus autores estuviesen mintiendo y no hablando de parte de Dios; para órdenes relativas a la identificación y castigo de tales "profetas", cf. Dt 18:18-20.

15 El lenguaje de Éx 34:27-28 es ambiguo con respecto a quién escribió la segunda copia de los Diez mandamientos, si Moisés o Dios. Sin embargo, Dt 10:1-4 deja claro que es Dios quien la escribió. Daniel 5:5, 25 puede ser otro ejemplo de un texto escrito por Dios.

16 Hay pequeñas diferencias entre las dos listas de Éx 20 y Dt 25, de las cuales las más notables son el cambio de enfoque en el cuarto mandamiento, la combinación de los últimos seis mandamientos de Dt en uno con la palabra "y" (cf. 5:16-21) y la ligera variación en el quinto y décimo mandamiento. Si bien esto pudiera ser debido, al menos en parte, a la corrupción textual, una explicación más probable es que en Dt 5, Moisés ha contextualizado la lista original de Éx 20 para propósitos pastorales (cf. Daniel I. Block, "'You Shall Not Covet Your Neighbor's Wife': A Study in Deuteronomy's Domestic Ideology," *JETS* 53 [2010]: 449-474). No obstante, no debería dejar de notarse que no hay ningún mandamiento en Dt que no ha aparecido antes en Éx.

17 La derivación de "profeta" (Heb: נָבִיא) es instructiva por sí misma. Aunque según la etimología popular, viene de בוא (venir, ir), lo más probable es que venga del acadio *nabû*, y "aún más probablemente" tiene el sentido pasivo de "uno que ha sido llamado" (*HALOT*, s.v. נָבִיא). Debería notarse que mientras "profeta" quizá sea el nombre mejor conocido, se usaron también otros nombres como "hombre de Dios" (Heb: אִישׁ־אֱלֹהִים; ej.: 1Sa 2:27; 9:6-10; 1Re 12:22), "vidente" (Heb: רֹאֶה o חֹזֶה; ej.: 1Sa 9:9; 2Re 17:13; Is 30:10) y "siervo" (Heb: עֶבֶד; ej.: Jer 7:25; Ez 38:17; Zac 1:6). Al menos en una ocasión, el sacerdote es llamado el "mensajero" (Heb: מַלְאַךְ) del Señor (Mal 2:7), pero con una diferencia. Comentando sobre este pasaje, Ralph Smith escribe "Un sacerdote era un 'mensajero de Dios' (2:7), pero no en el mismo sentido que lo era el profeta. Dios reveló su mensaje al profeta y el profeta iba a proclamarlo. El sacerdote era el mensajero de Dios en tanto era

los profetas del Antiguo Testamento sirvieron como portavoces de Dios es Números 22:38, que es puesto en boca del profeta Balaam:[18] "¿podré ahora decir alguna cosa? La palabra que Dios ponga en mi boca, esa hablaré" (cf. 24.13).[19] Dicho de otro modo: ser un profeta significaba ser un portavoz de Dios, y ser un portavoz de Dios significaba hablar las palabras que Dios quería que hablara, creando así un vínculo entre las palabras de Dios y las del profeta (ej.: 1Re 14:18, 2Re 17:13; 2Cr 20:20; 29:25; Ez 3:10-11).[20] Un paralelismo humano a este fenómeno es el caso de Moisés y Aarón, en el que este último fue la "boca" y "profeta" del primero en la presencia del faraón, hablando las palabras de Moisés en su lugar (Éx 4:15-16; 7:1-2).[21]

Sin embargo, en este entender de los profetas como portavoces de Dios, hay dos matices importantes. Primero: no eran portavoces de Dios siempre que hablaban (ej.: 2Sa 7:3) o escribían (ej.: 1Cr 29:29-30; 2Cr 26:22), sino solo cuando Dios, por su Espíritu, les movía a hablar o escribir.[22] Segundo: la

---

el guardián y maestro de un cuerpo de conocimiento religioso" (*Micah-Malachi* [WBC 32; Grand Rapids, MI: Zondervan, 1984], 318).

18 El hecho de que Balaam fuese un falso profeta no minimiza la fuerza del argumento de que los verdaderos profetas hablaban verdaderamente la palabra de Dios. De hecho, podría darse el caso de que esto realmente aumentara la fiabilidad de los profetas verdaderos: si aun los falsos profetas que no obedecían a Dios solo podían hablar sus palabras, ¿cuánto más lo harían los verdaderos que obedecían a Dios? Para un fenómeno similar, cf. Jn 11:50-51 donde Caifás profetizó (aunque no como profeta en sentido estricto) correctamente sobre la muerte de Jesús por la nación, pero "no lo dijo por sí mismo".

19 Para una lectura similar de este acontecimiento, cf. Josefo, *Antig.* 4:118-119. Para expresiones similares de sumisión total al mensaje de Dios, cf. 1Re 22:14; 2Cr 18:13; Jer 42:4. Para otras referencias a profetas que fueron obligados a hablar cuando Dios les había hablado, cf. Jer 20:9; Am 3:8; 7:14-15. Algunos profetas habían sido presionados a cesar de profetizar, lo cual implica que tuvieron que hablar lo que Dios les decía (Is 30:10; Am 2:12). Si algunas profecías parecen haber sido incontrolables (ej.: 1Sa 10; 19:20-24), otras parecen haber sido controlables (ej.: 2Cr 25:16; Ez 3:17-18; 33:7-8; 1Co 14:32). Quizá el hecho de que las experiencias de inspiración fueran distintas, fue lo que provocó que las respuestas de parte de los profetas también lo fueran.

20 Junto a estas líneas, es importante notar las numerosas referencias a la "boca del SEÑOR": Jos 17:4; 2Cr 36:12; Is 1:20; 40:5; 58:14; Jer 9:12; 23:16; Lm 3:38; Mi 4:4. Aun si esta frase es antropomórfica, no obstante, evoca a Dios como la definitiva fuente del mensaje. Se trata la cuestión relativa de si dicha meditación implica o no libertad en los profetas para cambiar o alterar el mensaje de Dios más adelante en §4.2-3. Es importante notar que los profetas no siempre hablaban las palabras de Dios (ej.: el profeta Abraham mintió/condujo mal; cf. Gn 12:11-13; 20:2, 7, 11-13), sino solo cuando el Espíritu de Dios hablaba por ellos.

21 Es dentro del contexto de Aarón hablando por Moisés, que Moisés es "constituido Dios" para el faraón (Éx 4:16; 7:1): Moisés tenía su propio "profeta" en Aarón.

22 Ver más adelante para un mayor desarrollo de este punto. Cf. Hesíodo, *Teogonía* 31-32 para una reclamación similar de inspiración por un espíritu divino (ἐνέπνευσαν

mayoría de la profecía ocurrió en el terreno oral y nunca se puso por escrito (ej.: 2Cr 25:1-2), por tanto, quedará fuera de la discusión de la inerrancia bíblica.[23]

Es dentro de este contexto, de entender a los profetas como portavoces de Dios, que cinco fenómenos resultan relevantes para delimitar la medida en que el Antiguo Testamento reclama su origen divino. Primero: existe la fórmula tripartita ubicua (con variaciones menores): "el SEÑOR dijo a", seguida del nombre del profeta, y esto seguido de un mensaje.[24] Esos registros de discurso directo son de diversa extensión, pero pueden llegar a ocupar hasta varios capítulos consecutivos, por ejemplo en Éxodo y Levítico.[25] Segundo: diez de los libros proféticos comienzan con el profeta diciendo que la "palabra del SEÑOR" le había venido (Jer 1:1-4; Ez 1:1-3; Os 1:1; Jl 1:1; Jon 1:1; Mi 1:1; Sof 1:1; Hag 1:1; Zac 1:1; Mal 1:1).

δέ μοι αὐδὴν θέσπιν). Debería notarse que, al menos en una ocasión, el "ángel del SEÑOR" habló a un profeta del mismo modo que el Espíritu lo hacía (1Cr 21:18-19; cf. 2Sa 24:18-19). El envío del Espíritu de Dios a hablar la verdad no se debe confundir con otros pasajes en los que Dios envía un espíritu de mentira (1Re 22:19-23; 2Cr 18:18-22; Ez 14:6-11; cf. 2Ts 2:9-12). En estos ejemplos, ni los profetizados ni los profetas están buscando realmente a Dios, sino que lo que quieren es usar a Dios para sus malvados propósitos, y hablan conforme a sus propias mentes y corazones (Jer 23:16, 25-27; Ez 13:2-3, 17). Es, quizá, en este contexto, como debería entenderse Sal 18:26b: "y severo serás para con el tramposo" (cf. Pr 3:34). Para paralelismos griegos con esto, cf. Hesíodo, *Teogonía*, 27-28; Justino Mártir, *Diálogo* 7:3.

23 Al menos una razón por la que algunas profecías fueron puestas por escrito era que generaciones futuras alabaran al SEÑOR por su salvación (Sal 102:18-22).

24 En una búsqueda realizada mediante el programa Accordance (versión 12.0.2), se mostraron 181 ejemplos para la construcción אֶל + יְהוָה + אמר y 232 para la construcción דבר + יְהוָה + אֶל. No todas van seguidas de una cita directa de Dios, pero muchas sí. Un fenómeno relacionado con esto es la repetida frase: "así dice Jehová". Wayne Grudem muestra evidencia de que esta frase es paralela a la común fórmula del real decreto "así dice el rey", usada en otras sociedades del antiguo cercano oriente (para ejemplos bíblicos, cf. Éx 5:10-11; 1Re 2:30; 20:2 [BHS: v. 3], 5; 2Re 18:18). El contenido del real decreto, fuese cual fuese, no podía ser cuestionado por los súbditos del rey, sino recibido y obedecido ("Scripture's Self-Attestation and the Problem of Formulating a Doctrine of Scripture," en D. A. Carson y John Woodbridge (eds), *Scripture and Truth* [Leicester, England: Inter-Varsity Press, 1983], 19-59, aquí 21-22). Henri Blocher observa, de manera interesante, que en estos casos había "poco o ningún énfasis en la personalidad misma del heraldo" ("God and the Scripture Writers: The Question of Double Authorship," en Carson, *Enduring Authority*, 502).

25 El pasaje de Éxodo que relata el Libro del pacto (Éx 21-23) es muy ilustrativo: cuando Moisés leyó el Libro a los israelitas (Éx 24:3, 7), la gente respondió diciendo, "Cumpliremos todas las palabras que Jehová ha dicho" (Éx 24:3; cf. v. 7). Por tanto, los tres capítulos de material son vistos como provenientes de Dios. Aunque estos puntos son enfatizados más tarde, el énfasis en palabras específicas (y no en ideas) venidas del SEÑOR (y no de Moisés) no deberían pasar desapercibidas.

Cada libro profético tiene cantidades de material diferentes que dicen ser la "palabra del SEÑOR", pero todas ellas contienen porciones sustanciales que encajan en esta categoría (ej.: Am 1-4; la mayoría de Ez), ampliando así considerablemente la cantidad de material en el Antiguo Testamento que asegura provenir de Dios. Tercero: y leído en el contexto de los dos primeros fenómenos, es muy instructivo observar que los profetas solían hablar en primera persona (ej.: "yo digo", etc.) y no en tercera (ej.: "el SEÑOR dice," etc.). Este modo de hablar encaja muy bien con la idea de que Dios mismo estaba comunicando sus palabras a través de los profetas y, de nuevo, amplifica el material que reclama para sí tener origen divino. Cuarto: en varias ocasiones se dice que Dios puso sus palabras directamente en boca de los profetas (Nú 23:5, 12, 16; Dt 18:18-20; Jer 1:9; 5:14; Os 6:5)[26] o algo parecido (Éx 4:12; 1Re 16:12; 22:14;[27] Jer 15:19;[28] Ez 2:7; 3:4, 27; 33:22).[29] Esta evidencia extiende la situación señalada antes en el pasaje de Balaam a otras partes del Antiguo Testamento, de modo que sus palabras son, en un sentido muy literal, las propias palabras de Dios (Dt 18:19).[30] Quinto, en varias ocasiones, Dios mandó a los profetas escribir ciertos mensajes (Éx 17:14; 24:2; 34:27; Nm 33:2; Dt 31:19; Is 8:1; 30:8; Jer 30:2; 36:2, 28; Ez 43:11; Hab 2:2).[31] Zacarías 7:12 ilustra la conexión entre las palabras de Dios y el medio escrito cuando habla de "la Ley ni las

---

26 El "espaciado" de las palabras aquí puede revelar una traducción diferente: en vez de "mediante los profetas", podría ser "por mi temible discurso" (cf. Douglas Stuart, *Hosea–Jonah* [WBC 31; Grand Rapids, MI: Zondervan, 1988], 109).

27 Este texto es especialmente importante porque unos pocos versículos después en el v. 16, al profeta Miqueas se le implora hablar "que no me digas sino la verdad (Heb: אֱמֶת) en nombre de Jehová" (cf. 2Cr 18:13, 15).

28 Cf. Éx 4:15 para un paralelismo con Moisés y Aarón. El pasaje de Jer 15:19 es aún más fuerte que los otros, porque en él se dice que Jeremías mismo deberá ser la boca del SEÑOR.

29 No se sabe si Is 51:16; 59:21 se refiere al mismo fenómeno que explicamos antes.

30 Por el contrario, un falso profeta habla en el nombre del SEÑOR cuando el SEÑOR no le ha hablado: Jer 14:14-15; 23:16, 25-26, 32; 27:14-15; Ez 13:1-3, 17; 22:28.

31 No obstante, como implica Os 8:12, sería Dios mismo escribiendo las leyes. Para ejemplos de hombres que no son profetas y a los que se les ordena escribir la ley de Dios, cf. Dt 17:18-20; 27:1 8. Además, hay varios pasajes que hablan de profetas escribiendo varios textos sin ninguna orden directa de Dios (Éx 24:4; Dt 31:9-13; Jos 8:32; 24:26; 1Sa 10:25; 1Cr 28:19 [?]; 29:29; 2Cr 20:34; 21:12-15; 24:19-20; 26:22; 28:19; 32:32; Is 8:16; 29:18; 34:16; Jer 25:31; 29:1; 45:1; 50:60-64). La diferencia clave parece ser esta: tanto si se les mandara escribir como si no, cuando el Espíritu de Dios estaba con ellos, estaban escribiendo de parte de Dios, y cuando el Espíritu de Dios no estaba con ellos, no lo estaban haciendo. Dicha diferencia pueda explicar cómo los profetas pudieron escribir libros no canónicos. La conexión entre los profetas de Dios y la inspiración es precristiana; cf. Josefo, *Con. Ap.* 1:37, 41.

palabras que Jehová de los ejércitos enviaba por su espíritu, por medio de los primeros profetas". En esta cadena de cuatro eslabones: 1) Dios envía, 2) su Espíritu para hablar a través de,[32] 3) los (primeros) profetas que, 4) habían escrito la Ley y las palabras.[33] La conexión entre el primero (Dios) y el último (documentos escritos) es directo, sin evidencia alguna de declive en autoridad o veracidad. Esta evidencia es importante de modo único porque acaba la conexión entre las palabras de Dios y los textos escritos. Por tanto, en conclusión, es seguro afirmar que extensas porciones del Antiguo Testamento testifican tener origen divino, y que aquí hay una conexión directa entre las palabras de Dios y las de los profetas, incluidos sus propios escritos.

4.1.2. La afirmación del Nuevo Testamento mismo sobre su origen divino

Pasando ya al Nuevo Testamento, la evidencia que este muestra sobre su origen divino es más fuerte en algunos aspectos y más débil en otros que la del Antiguo Testamento. Por un lado, el Nuevo Testamento afirma que Jesús es Dios en carne (ej.: Jn 1:1, 14), y que él y sus palabras tienen toda la autoridad, son eternas y verdaderas (Mt 7:24 *pars*; 24:35 *pars*; Mr 8:38 *pars*; Jn 1:17; 8:14, 40, 45-46; 14:6; 16:7).[34] Esto implica que extensas porciones de los cuatro Evangelios, unos pocos dichos esparcidos en Hechos y en el

---

32 La preposición es importante. Dios no habló "por" los profetas como si ellos fueran la fuente final de la revelación sino "a través de" (Heb: בְּ) ellos, así permitiendo que el mensaje fuese totalmente divino y humano. Para referencias a Dios hablando "a través de" los profetas, cf. Os 1:2; 12:10; Zac 7:12; Hag 1:1, 3; 2:10. La idea de Dios hablando "a través de" los profetas y apóstoles es la idea predominante en la era patrística (latín: *per*; griego: διά).

33 Para otros textos que conectan el Espíritu de Dios y los profetas, cf. Nm 11:29; 24:2; 1Sa 10:10; 19:20, 23; 2Cr 15:1; 20:14, 20; Neh 9:30; Ez 2:2; Os 9:7; Mi 3:8. Quizá un paralelismo a este fenómeno se puede encontrar en Éx 31:1-11 (cf. 35:30-36:2; 38:22-23), donde Dios llenó a Bezaleel (¿y a Aholiab?) con su Espíritu para la obra del tabernáculo que Dios había mostrado a Moisés: 1) Dios envió 2) su Espíritu para trabajar a través de 3) Bezaleel (y Aholiab) quien 4) construyó el tabernáculo.

34 Hay que notar también la conexión con el Espíritu de Dios en Lc 4:18-19 (cf. Is 61:1-2). Hay algunos textos que pueden sugerir que las palabras de Jesús no eran siempre veraces, pero estos ejemplos pueden ser explicados fácilmente. En Mr 9:1 *pars*, las palabras de Jesús no tienen que ser interpretadas como refiriéndose a su segunda venida, sino a cualquiera (o cualquiera combinación) de los siguientes acontecimientos: transfiguración, crucifixión, resurrección, ascensión o la venida del Espíritu. En Lc 16:8, el maestro aprueba la astucia del mayordomo, no su deshonestidad. En Jn 7:1-10, Jesús no mintió sobre no subir a Jerusalén, sino que no quería subir basado en el consejo mundano de sus incrédulos hermanos (cf. 7:4); en cambio, esperó las señales del Padre y subió a Jerusalén por otros motivos distintos a proclamarse el Mesías.

corpus paulino y unas pocas partes de Apocalipsis, son verdad (es decir, inerrantes).[35]

Por otro lado, el Nuevo Testamento no contiene fórmulas de origen divino como las observadas en el Antiguo Testamento. En sentido estricto, pues, dejando a un lado las palabras de Jesús, la prueba de que el Nuevo Testamento afirma su origen divino es solo relativamente menor.[36] Sin embargo, al menos cinco datos apuntan en la dirección de considerarlo como autoritativo y veraz. Primero: hay muchos textos que afirman que el autor no está mintiendo, sino diciendo la verdad (Jn 19:35; 21:24; Ro 9:1; 2Co 11:31; 12:6; Gá 1:20; 1Te 2:3; 1Ti 2:7).[37] De hecho, hay al menos una ocasión en la que Pablo pensó haberse equivocado y se detuvo para clarificarse (1Co 1:14-16).[38]

Segundo: muchos textos dan testimonio de haber sido leídos en voz alta en las primeras reuniones cristianas, así o implicando algún tipo de autoridad sobre las iglesias o explícitamente imitando la lectura que las sinagogas hacían de las Escrituras hebreas (Mt 24:15; Mr 13:14; Hch 15:30; 16:4; 2Co 7:8; 10:9-10; Ef 3:4; Col 4:16; 1Te 5:27; 2Te 2:15; 3:14; Flm 1-2; Heb 13:22; 2Pe 3:1 [15-16?]; 1Jn 5:13; 2Jn 1; 3Jn 9; Ap 1:3; 13:18; 17:9-10; 22:18-19).[39]

35 Para trabajos que tratan de la confiabilidad de los Evangelios respecto a la transmisión fiable de las palabras de Jesús, cf. Birger Gerhardsson, *Memory and Manuscript* (Grand Rapids, MI: William B. Eerdmans Publishing, 1998); Richard Bauckham, *Jesus and the Eyewitnesses: The Gospels as Eyewitness Testimony*, 2ª ed. (Grand Rapids, MI: William B. Eerdmans Publishing, 2017).

36 Quizá los textos que más se acerquen a asegurarse de origen divino son los siguientes: Gá 1:8-9; 1Te 2:13; 2Co 11:10; 13:3.

37 Lucas 1:1-4 implica de modo similar veracidad, pero no la afirma explícitamente.

38 Nótese que esto fue sobre un detalle menor, sugiriendo que el apóstol quería hablar verazmente en todo lo que había escrito, y no solo en asuntos relacionados con la "fe y práctica" (ver más abajo §4.3).

39 Para la lectura en voz alta de textos del AT en las primeras reuniones cristianas, cf. 1Ti 4:13. Y aunque es cierto que otros textos no canónicos también eran leídos en voz alta en las primeras reuniones cristianas (ej.: Hch 18:27; Ignacio, *Ef.* 20:1), hay evidencia de que los escritos apostólicos eran vistos como distintos (ej.: *1Clem.* 47:1; Ignacio, *Tral.* 3:3; *Ro.* 4:3; Policarpo, *Fil.* 3:2; 11:?). La carta "de" o "en posesión de" (ver abajo) los laodiceos (Col 4:16) es un caso interesante: obviamente se escribió para ser leído en voz alta en varias iglesias, pero su identidad es incierta. Si es una carta que hoy está perdida, su pérdida se produjo muy pronto, porque no está incluida en ningún canon temprano. Sin embargo, la ambigua frase griega τὴν ἐκ Λαοδικείας ("la [carta] de/entre los laodiceos) podría ser entendida en dos maneras distintas: 1) "de los laodiceos", refiriéndose a una carta que los laodiceos habían escrito a Pablo (así lo entendió, entre otros, Crisóstomo); 2) "en posesión de los laodiceos", refiriéndose a una carta encíclica que estaba en Laodicea, pero que no iba dirigida a ellos. Si esta segunda opción es la correcta, el candidato más probable por motivos geográfico y temático sería la carta a

Tercero: varios textos sugieren que los apóstoles y sus asociados vieron sus propias enseñanzas y escritos, así como las de otros apóstoles, como autoritativas (Jn 14:26; 21:24; Hch 2:42; 1Co 2:13; 7:10-12, 25, 40; 14:37 [?]; 2Co 3:6; 10:8, 11; 13:3, 10; 2Te 2:15; 3:6, 14; 1Ti 5:18 [?]; 2Pe 3:1-2, 15-16; 1Jn 1:1-4; 5:13; Ap 1:3; 22:9, 18-19). En varios de estos textos, los apóstoles reclamaron tal grado de autoridad — como que seguir sus enseñanzas aseguraba tener relación con Dios, o que ellos eran capaces de dar mandamientos aun cuando Jesús mismo no dio ninguno— que ello sugiere que los apóstoles vieron sus propias palabras, no como una mera opinión humana, sino como teniendo autoridad divina, y por tanto implicando su veracidad.[40]

Cuarto, y relacionado con la evidencia anterior: tras la palabra griega ἀπόστολος está la palabra semítica שָׁלִיחַ (Mt 10:2 *pars*; Mr 6:30 *pars*; Lc 11:49; 17:5; 22:14; 24:10),[41] que denota uno que ha sido comisionado por otro para decir o realizar un acto en su nombre, con todos los derechos y responsabilidades necesarias para realizarlo.[42] La importancia de esto es que once cartas del Nuevo Testamento comienzan (con variantes menores) con el autor reclamando ser un "apóstol" de Jesucristo (Ro 1:1; 1Co 1:1; 2Co 1:1; Gá 1:1; Ef 1:1; Col 1:1; 1Ti 1:1; 2Ti 1:1; Tit 1:1; 1Pe 1:1; 2Pe 1:1).[43]

los efesios (esto fue primero postulado por Marción en el s. II), con Filemón y Hebreos también siendo opciones, aunque menos probables (para discusiones, cf. James Dunn, *The Epistles to the Colossians and to Philemon* [NIGTC; Grand Rapids, MI: William B. Eerdmans Publishing, 1996], 286-287; Peter O'Brien, *Colossians, Philemon* [WBC 44; Nashville, TN: Thomas Nelson Publishers, 2000], 257-258).

40 Si Ef 2:20 estuviera hablando sobre los profetas del AT, colocaría a los apóstoles del NT entre ellos, así invitándonos a hacer paralelismos entre los dos; sin embargo, según Ef 3:5; 4:11, parece que "profetas" en este verso se refiere a un oficio del NT (así, Andrew Lincoln, *Ephesians* [WBC 42; Nashville, TN: Thomas Nelson Publishers, 1990], 153).

41 Nótese que en las versiones siríacas también se usa otro verbo, שׁדר, para traducir el griego ἀποστέλλω.

42 La palabra שָׁלִיחַ aparece unas diez veces en la Mishná, de las cuales las más importantes son Ber. 5:5; RoshHa. 4:9; Meil. 6:1, 3. También aparece en Yoma 1:5 en el manuscrito Eshkol, pero el manuscrito Kaufmann más confiable lee שָׁלוּחַ. Para una discusión sobre el significado de estos términos, cf. Frank Gavin, "Shaliach and Apostolos," *ATR* 9.3 (1927): 250-259 (concluye que durante el tiempo del NT, שָׁלִיחַ significaba "plenipotenciario" y שָׁלוּחַ significaba "agente delegado" [*ibid*, 257]).

43 La frase modificadora "de Jesucristo" es importante. El NT usa el término "apóstol" de ambos modos, general y específico. De modo general, puede referirse a alguien "enviado" por otro para algún propósito (Jn 13:16; 2Co 8:23; Fil 2:25), pero de modo específico se refiere a los que cumplen dos condiciones: 1) haber visto a Jesús resucitado (muchos también habían estado con él en su vida terrenal) y 2) haber estado comisionado específicamente por él como apóstol (Hch 1:2-3, 21-22; 4:33). Además de los doce originales, (los once discípulos de Jesús, más Matías; cf. Hch 1:26), otros (probables) apóstoles "de Jesucristo" son Pablo (1Co 9:1), Bernabé (Hch 14:14), Santiago el hermano

Al llamarse a sí mismos "apóstoles" de Jesucristo, estaban reclamando haber sido enviados por Jesucristo para hablar y actuar en su nombre, con todos los derechos y responsabilidades para realizarlo y, por tanto, evocando autoridad divina e implicando veracidad. Este fenómeno parece ser la prueba equivalente más cercana del Nuevo Testamento a la del profeta del Antiguo Testamento.[44]

Quinto: un aspecto único del libro de Apocalipsis es su apertura como una "revelación" que "Dios dio" a sus siervos a través de Jesucristo (1:1). Tal afirmación hace a Dios la fuente definitiva de este libro (cf. Ap 22:18-19) e implica, por tanto, su veracidad.[45]

Así pues, aunque los datos no son concluyentes, la tendencia y trayectoria general de los escritos del Nuevo Testamento es que los apóstoles se vieron a sí mismos y a los otros apóstoles como portavoces de Dios y de Jesús, así reclamando su origen divino e implicando veracidad (es decir, inerrancia).[46]

4.1.3. Reconocimiento del divino origen de los textos tempranos por parte de los textos posteriores

Finalmente, hay partes distintas de ambos Testamentos, el Antiguo y el Nuevo, que reconocen textos escritos previamente bien como venidos directamente de Dios, o bien con autoridad venida de Dios, lo cual implica veracidad. La prueba se divide en tres grupos: el primero lo componen textos del Antiguo Testamento que reconocen a otros textos del Antiguo Testamento; el segundo grupo contiene textos del Nuevo Testamento que reconocen textos del Antiguo Testamento; y el tercer grupo contiene textos del Nuevo Testamento que reconoce otros textos del Nuevo Testamento.

Entre los textos del Antiguo Testamento que reconocen a otros textos también del Antiguo Testamento como venidos de Dios o autoritativos, tres textos destacan como muy importantes.[47] Primero: en Josué 1:7-8 Dios manda a Josué meditar y hacer todo lo que Moisés había escrito en "el libro

---

de Jesús (1Co 15:7-9; Gá 1:19), Silas (1Te 1:1; 2:6) y quizá Timoteo (1Te 1:1; 2:6; pero cf. 3:1-2), llegando el número (posiblemente) a 16 o 17.

44 Para ejemplos de שׁלח en el contexto de Dios enviando un profeta, cf. Éx 7:16; 2Sa 12:1; 2Cr 25:15; 36:15-16; Is 6:8; Jer 1:7; Ez 2:3-4; Hag 1:12; Mal 4:5.

45 Cf. David Aune, *Revelation 1-5* (WBC 52A; Nashville, TN: Thomas Nelson, 1997), 12.

46 Esta es la misma postura, en general, de varios escritores cristianos de los siglos I y II; cf. *1 Clem.* 42:1-2; Ignacio, *Mag.* 6:1; 7:1; *Esm.* 8:1; Policarpo, *Fil.* 6:3; *Bern.* 5:9; 8:3.

47 Otros textos no discutidos aquí son: 1Re 2:1-4; 2Re 14:6; 22:8-13; 23:21-24; 1Cr 16:40; 23:18; 31:3; 35:4, 12; Ez 3:2-4; 6:18; 7:10; 9:11-12; Is 34:16; Da 9:11-13.

de la Ley". Esta es una temprana aprobación de la autoridad del libro de Deuteronomio,[48] y puede que quizá se extienda también a todo el Pentateuco. Segundo: en Daniel 9:1-2 el autor menciona en general los "libros" (Heb: סְפָרִים) y específicamente el libro de Jeremías (aludiendo a 25:11-12 o 29:10) como las fuentes que leyó para tratar de descubrir cuánto duraría el exilio determinado por Dios para Israel. Con la frase "que habló Jehová" en 9:2 hay una clara referencia al origen divino del libro de Jeremías. Si es cierto que los "libros" se refieren a un *corpus* de escritos en el cual también "habló Jehová", entonces esto implicaría que Daniel vio todo el *corpus* como de origen divino. Tercero: Zacarías 1:4; 7:7, 12 mencionan a los "primeros profetas" (Heb: הַנְּבִיאִים הָרִאשֹׁנִים) como aquellos a través de los cuales Dios había hablado en tiempos pasados. Como Zacarías 7:12 deja especialmente claro, sus obras tenían autoridad porque Dios, por su Espíritu, había hablado a través de ellas.

Entre los textos del Nuevo Testamento que reconocen a textos del Antiguo Testamento como venidos de Dios o autoritativos, tres textos destacan como especialmente importantes.[49] Primero: 2 Timoteo 3:16 dice que "toda la Escritura es inspirada por Dios". La palabra usada para "Escritura" es γραφή, y mientras en unas pocas ocasiones en la literatura cristiana temprana se puede referir a escritos no canónicos (Stg 4:5 [?]; *1 Clem.* 23:3; *Bern.* 16:5; *Past.* 7:4 [γέγραπται]), la gran mayoría de sus usos se refiere a los escritos del Antiguo Testamento, que casi con total certeza son los que Pablo tenía aquí en mente.[50] La importancia de esto es que Pablo dice que "*toda la Escritura*" proviene de Dios. La referencia directa a "Escritura" aquí es las Escrituras hebreas, es decir, el Antiguo Testamento entero.[51] Segundo: 2 Pedro 1:21 dice: "nunca la profecía fue traída por voluntad humana, sino que los santos hombres de Dios hablaron siendo inspirados por el Espíritu

48 Así, Trent Butler, *Joshua 1-12*, 2ª ed. (WBC 7A; Grand Rapids, MI: Zondervan, 2014), 220.

49 No citamos otros ejemplos aquí porque son demasiados numerosos, pues cada cita, alusión, eco, etc., del AT hecha por autores del NT afirma implícita o explícitamente el origen divino del AT. Sin embargo, ejemplos de algunos de los casos más explícitos son: Hch 4:24-25 (cf. Sal 2:1); 13:35 (cf. Sal 16:10); Heb 1:6 (cf. Dt 32:43); 1:7 (cf. Sal 104:4); 1:8-9 (cf. Sal 45:6-7); 1:10-12 (cf. Sal 102:25-27); 3:7-11 (cf. Sal 95:7-11).

50 Así William Mounce, *Pastoral Epistles* (WBC 46; Nashville, TN: Thomas Nelson Publishers, 2000), 565-568; George Knight III, *The Pastoral Epistles* (NIGTC; Grand Rapids, MI: William B. Eerdmans Publishing, 1992), 445. Para ser más preciso, hasta puedo decir cada uso (salvo para quizás Stg 4:5) de γραφή en el NT se refiere a un texto del AT.

51 Para el canon del AT, ver nota 3 arriba. Sin embargo, para un argumento de que "toda la Escritura" se refiere "a ambos el AT y el mensaje del evangelio" (el último incluiría quizá algunos documentos escritos que después serían incluidos en el NT), cf. Mounce, *Pastoral Epistles*, 568. Para un paralelismo a "toda" la Escritura del AT, cf. Pr 30:5.

Santo".[52] Aunque habría mucho que decir sobre este texto, el asunto más importante a destacar aquí es que Pedro está negando que los profetas en sí mismos fueran la fuente definitiva de sus propios mensajes y que está afirmando que, muy al contrario, lo fue el Espíritu Santo.[53] Tal afirmación concuerda totalmente con la propia afirmación del Antiguo Testamento sobre su origen divino (ver §4.1.1 arriba). Tercero: Hebreos 1:1-2 afirma que fue el mismo Dios quien habló a través de los profetas y del Hijo. Dicha reclamación evoca el origen divino de los escritos proféticos y así implica su veracidad.[54]

Además de estos tres textos, debería prestarse especial atención al testimonio de Jesucristo. Sus referencias directas e indirectas a la inspiración y veracidad del Antiguo Testamento son tan numerosas que solo los dos textos más importantes van a ser mencionados aquí.[55] Primero: en Mateo 5:18 Jesús demuestra su convicción de que hasta las unidades de significado más pequeñas en el Antiguo Testamento son importantes: "porque de cierto os digo que antes que pasen el cielo y la tierra, ni una jota ni una tilde pasará de la Ley, hasta que todo se haya cumplido" (cf. Lc 16:17).[56] Las palabras usadas aquí por "jota" y "tilde" son ἰῶτα y κεραία respectivamente, y se refieren a la letra y parte de la letra más pequeñas del alfabeto hebreo/

---

52 Tal lenguaje no está muy lejos del de 1Pe 1:10-11.

53 Así Richard Bauckham, *Jude, 2 Peter* (WBC 50; Nashville, TN: Thomas Nelson Publishers, 1983), 234.

54 Este argumento va contra las objeciones de aquellos como James Dunn, que defiende que en textos como 2Ti 3:16 y 2Pe 1:21 no defienden explícitamente la inerrancia en cada detalle, no pueden ser interpretados a su favor ("The Authority of Scripture According to Scripture," *Churchman* 96.2 [1982]: 104-122). Al menos cuatro respuestas pueden ser mencionadas: 1) Solo porque un texto no afirma explícitamente algo, no lleva a concluir que está explícitamente negando lo contrario; 2) Estos textos no se limitan a sí mismos de ningún modo, y así cualquier limitación es ajena al texto; 3) La veracidad de Dios en la revelación de sí mismo en la Escritura está atestiguada en numerosos pasajes por toda la Escritura, pero no hay indicación de que Dios revela algo que contenga algún tipo de error; 4) Si Dios es verdad, la inspiración al menos implica una revelación veraz, si no la asegura completamente (para esta conexión, cf. B. B. Warfield, *The Inspiration and Authority of the Bible*, ed. Samuel Craig [Philadelphia, PA: The Presbyterian and Reformed Publishing Company, 1970], 150).

55 Para un trabajo estándar sobre la visión de Jesús del AT, cf. John Wenham, *Our Lord's View of the Old Testament*, 2ª ed. (London: InterVarsity Fellowship, 1953). Un ejemplo de un texto interesante que podría ser añadido a la lista es Mr 12:24-27 *pars* donde se afirma que si los saduceos hubieran conocido las Escrituras, no habrían errado, implicando así que las Escrituras no tienen error (Baum, "Is New Testament Inerrancy," 265).

56 Se basa en entender la "Ley" como una referencia a todo el AT en la referencia a la "Ley" y "Profetas" en el v. 17. Debe notarse que el v. 18 va precedido y seguido de versículos que hablan también de la aplicabilidad permanente del AT, hasta el más "pequeño" de sus mandamientos.

arameo respectivamente.[57] Por tanto, el comentario de Jesús aquí no puede entenderse a restringir la autoridad de la Biblia a ideas generales encontradas en el nivel comunicativo del párrafo o la frase, sino que deben ser incluidas también las palabras individuales.[58] Segundo: en Juan 10:35 Jesús deja clara su convicción de la veracidad permanente de las Escrituras: "la Escritura no puede ser quebrantada". En el contexto de esta afirmación, Jesús dice que la Palabra de Dios no puede ser anulada, apartada o probada falsa, aun cuando pueda contradecir lo que el hombre prefiere en ciertas ocasiones (como el caso de los oponentes de Jesús en este contexto).[59] En resumen: Jesús tenía en alta consideración las Escrituras, y vio todas ellas como importantes y llenas de verdad permanente.[60]

Entre los textos del Nuevo Testamento que reconocen a otros textos también del Nuevo Testamento como venidos de Dios o autoritativos, hay tres textos importantes. Primero: 2 Pedro 3:16 habla sobre "los indoctos e inconstantes" que tuercen el significado de las cartas de Pablo "como también las otras Escrituras". La palabra usada para "otras" es λοιπός, que significa que el autor coloca los escritos de Pablo a la misma altura que el resto de las Escrituras.[61] Segundo: Hebreos 1:1-2 afirma que, mientras que antes Dios hablaba a su gente mediante los profetas, ahora lo ha hecho —y a un nivel más grande— a través de su Hijo (cf. Jn 1:17).[62] La importancia de este texto reside en que aumenta la revelación de Dios a través de Jesucristo sobre los profetas del Antiguo Testamento, y en que dicha revelación ha sido dada a conocer al mundo cristiano principalmente a

57 Esto es, ἰῶτα traduce la palabra hebrea/aramea *yod* (cf. la versión siríaca ܝܘܕ) y κεραία se refiere bien a los pequeños trazos que distinguen entre, por ejemplo, las letras hebreas/arameas ד y ר, o a los trazos ornamentales que se añadían a algunas letras (cf. John Nolland, *The Gospel of Matthew: A Commentary on the Greek Text* [NIGTC; Grand Rapids, MI: William B. Eerdmans Publishing Company, 2005], 220).

58 Hay numerosos ejemplos de exégesis cristiano del NT que depende de una palabra o frase corta; cf. §4.2.2 y §4.3.3 a continuación para ejemplos concretos.

59 D. A. Carson, *The Gospel According to John* (Grand Rapids, MI: William B. Eerdmans Publishing Company, 1991), 399.

60 Cf. Craig Blomberg, "En cuanto a la inspiración, verdad, autoridad y relevancia de la Biblia de su mundo, difícilmente podría Jesús habérsela avalado más" ("Reflections on Jesus' View of the Old Testament," en Carson, *Enduring Authority*, 696).

61 Así Bauckham, *Jude, 2 Peter*, 333. *BDAG* traduce la frase así: "*el resto de las escrituras*" (s.v. λοιπός, 2.a.).

62 Es interesante que Mt 11:9 *pars* hace un reclamo similar sobre Juan el Bautista, a saber, que Juan era "más que profeta". La diferencia es que mientras que la grandeza de Juan el Bautista estaba conectada con ser el heraldo de la venida de Dios (Mt 11:10), Jesús era el que ha de venir. Además, Juan el Bautista nunca fue lleno del Espíritu Santo como escritor delegado de Dios y con su autoridad para la gente de Dios, y como Mt 11:3 *pars* demuestra, estaba confundido en cuanto al propósito y misión de Jesús.

través de los cuatro evangelios canónicos. Sobra decir que la veracidad es inherente a ella. Tercero: aunque hay cuestiones relativas ambas a la cronología y las fuentes, es posible que en 1 Timoteo 5:18 Pablo cite de ambos, Deuteronomio 25:4 y Lucas 10:7, y que se refiera a ambos por igual como "Escritura" (gr: γραφή).[63] Si este argumento es correcto, colocaría el evangelio de Lucas al mismo nivel que Deuteronomio en cuanto a autoridad y, por implicación, a veracidad.[64]

Quizá este es el mejor sitio donde incluir una breve discusión del interesante fenómeno encontrado en la Biblia en el que se puede atribuir a Dios el haber dicho algo en la Escritura que él no "dice" en realidad, y a la Escritura el haber "dicho" algo aun cuando es Dios mismo el único que puede hablar.[65] Por ejemplo: en Mateo 19:5 Jesús dice que Dios dijo "por esto el hombre dejará padre y madre, y se unirá a su mujer, y los dos serán una sola carne", aun cuando en Génesis 2:24 no registra a Dios diciéndolo, sino al narrador. Mirando el mismo fenómeno desde la otra perspectiva, en Romanos 9:17 se encuentra la frase introductoria "La Escritura dice al faraón" seguida de una cita de Éxodo 9:16; pero en este pasaje es Jehová (¡no la "Escritura"!) quien habla al faraón a través de Moisés. Por último, en Gálatas 3:8 leemos esto: "Y la Escritura, previendo que Dios había de justificar por la fe a los gentiles, dio de antemano la buena nueva a Abraham, diciendo: «En ti serán benditas todas las naciones»". Este versículo excepcional aplica a la Escritura los atributos de prever, predicar y decir, y todo ello a partir de una cita de Génesis 12:3 en la que Dios mismo está hablando a Abraham. El testimonio combinado de estos textos une a Dios con la Escritura hasta tal extremo que "Dios" y la "Escritura" pueden intercambiarse en su uso cuando se refieran ambos a textos del Antiguo Testamento.[66]

---

63 Cf. Knight III, *Pastoral Epistles*, 234-235. Personalmente, tiendo a conectar el trasfondo del escribir de 1Ti con los acontecimientos registrados en Hch 20:1-3, así proveyendo una fecha de composición del 56 d.C. y negando así toda dependencia del Evangelio de Lucas.

64 De nuevo, si fuera un argumento válido, su importancia tendría implicaciones para los otros cuatro evangelios, y posiblemente para otros escritos canónicos, pues el evangelio de Lucas es considerado el más lejano en cuanto a interacción personal con Cristo (Lc 1:1-4). Y si Lucas puede ser llamado 'Escritura", ¿por qué no también aquellos otros textos más cercanos a Cristo?

65 Cf. B. B. Warfield, "'It Says:' 'Scripture Says:' 'God Says'," en B. B. Warfield, *Inspiration and Authority*, 299-348.

66 Otros textos que exhiben un fenómeno parecido son los siguientes: Hch 4:24-25 (cf. Sal 2:1); 13:35 (cf. Sal 16:10); Heb 1:6 (cf. Dt 32:43); 1:7 (cf. Sal 104:4); 1:8-9 (cf. Sal 45:6-7); 1:10-12 (cf. Sal 102:25-27); 3:7-11 (cf. Sal 95:7-11).

4.1.4. Conclusión

Para concluir, ambos, el Antiguo y el Nuevo Testamento dicen tener origen divino a lo largo de la Biblia, y textos diversos adjudican origen divino a otros textos también, aumentando así la cantidad de textos que encajan en esta categoría. Una de las claves importantes para comprender la evidencia es la función de los profetas: eran portavoces de Dios capacitados por su Espíritu para hablar sus palabras. La importancia de esto está en su relación con la premisa mayor mencionada más arriba: en la medida en que estos pasajes provienen de Dios —y la evidencia señala a una relación directa entre ambos— también pueden ser considerados verdaderos, porque Dios mismo es verdad, al igual que sus palabras.[67]

Hasta este punto en el desarrollo del argumento principal del estudio no existe mucha controversia entre los que creen en la inerrancia y los que no. Todos los cristianos coinciden en que Dios es verdad y la mayoría de ellos estarían de acuerdo en que cuando Dios habla, sea directamente o a través de profetas o apóstoles, habla la verdad. Las próximas dos partes, sin embargo, discuten el meollo de la controversia, pues se centran en la cualidad y cantidad de testimonio escritural con respecto a la auto revelación de Dios.

4.2. Inspiración verbal

La segunda parte trata el asunto de si la propia revelación de Dios en la Biblia es subjetiva u objetiva.[68] Podríamos formular el asunto en forma de pregunta así: ¿es la Biblia producto de encuentros con Dios que son espirituales y subjetivos, o es producto de auto revelaciones de Dios que son objetivas y proposicionales?.[69] El asunto a tratar aquí es si la auto revelación de Dios se encuentra en el terreno de las *ideas* encontradas en la Biblia o en las *palabras* mismas. La siguiente discusión ofrece pruebas del Antiguo y del Nuevo Testamento relativas a este asunto.

---

67 La autoafirmación de la Escritura fue usada tan pronto como en el s. III por Clemente de Alejandría para demostrar la confiabilidad de la Biblia; cf. *Strom.* 7:16.

68 Aunque de más alcance, esta parte trata de porciones de pensamiento neo-ortodoxo. Para una crítica perceptiva de dicho pensamiento escrita por alguien dentro del movimiento, cf. Langdon Gilkey, "Cosmology, Ontology, and the Travail of Biblical Language," *JR* 41.3 (1961): 194-205.

69 Michael J. Christensen, *C. S. Lewis on Scripture* (Waco, TX: Word Books, 1979), 20; D. A Carson, "What is inerrancy?" (YouTube: https://www.youtube.com/watch?v=i6zudFtjI4U; last accessed 01 June, 2018).

4.2.1. Antiguo Testamento

El Antiguo Testamento testifica que las palabras mismas de la Escritura son importantes. Puede verse al menos de cuatro modos distintos.[70] Primero: se usan las frases דְּבַר־יְהוָה ("palabra del SEÑOR") y דְּבַר־אֱלֹהִים ("palabra de Dios") a lo largo de la Escritura para referirse a mensajes de Dios con contenido verbal específico (ej.: Gn 15:1, 4; Éx 4:28; 9:20-21; Nm 3:16, 51; 15:31; Dt 5:5; 34:5; Jos 8:8, 27; Jue 3:20; 1Sa 3:1; 9:27; 2Sa 7:4; 12:9; 1Re 2:27; 12:22-24; 1Cr 17:3; 2Cr 29:15). En numerosos pasajes hay una respuesta específica de parte del hombre (ej.: Jer 13:1-7; Jon 3:1-3), así favoreciendo el sentido de que las palabras en sí mismas eran importantes.[71] Segundo: como ya dijimos más arriba, varios textos hablan de Dios poniendo sus palabras (Heb: דָּבָר) en boca de los profetas. Esto hace a Dios el hablante principal (si no el único) en el texto y, por tanto, reduce la posibilidad de que el profeta inserte sus experiencias subjetivas en el hecho, y hace que solo recoja la auto revelación objetiva de Dios. Tercero: varios textos que tocan el tema de la auto revelación de Dios ponen el énfasis en el componente verbal. Por ejemplo: después de que Moisés leyó en voz alta el "libro del pacto" (es decir, Éx 21-23), la gente respondió diciendo, "Cumpliremos todas las *palabras* que Jehová ha dicho" (el énfasis es mío; Éx 24:3; cf. v. 7).[72] La respuesta de la gente no se basa en una idea impresa sobre ellos debido a su encuentro con Dios, sino en mandamientos concretos comunicados con palabras específicas.[73] Cuarto, y quizá lo más importante: hay unos pocos lugares donde hay advertencias de no añadir ni quitar a las palabras de Dios (Dt 4:2; 12:32; Pr 30:5-6; Jer 26:2).[74] Tal énfasis en las palabras no cuadra con la visión de la inspiración desde la cual la Biblia es, básicamente, producto

---

70 No está incluido aquí Is 28:9-10 (cf. v. 13). Si bien la interpretación de este pasaje es debatible, es posible al menos que los sacerdotes y profetas (cf. vv. 7-8) deberían haber enseñado la Ley de un modo exacto y sistemático. Si así es, podría ser otro argumento a favor de la importancia de las palabras mismas.

71 Una expresión similar es אִמְרֵי־אֵל ("palabras de Dios" Sal 107:11), de nuevo enfatizando palabras específicas.

72 Un acontecimiento similar sería el redescubrimiento de la Ley de Moisés durante el reinado de Josías (2Re 22:8-13; 2Cr 34:14-21). El mismo hecho de que las *palabras* de Dios habían sido redescubiertas fue importante, y los pasajes resaltan que Judá no había obedecido "todas" las "palabras". Se encuentra un fenómeno parecido en Neh 8:8, donde la Ley de Dios fue leída y explicada para que la gente la pudiera entender.

73 De modo similar, pasajes como Éx 33:11; Nm 7:89; 12:6-8, resaltan el hecho de que Dios habló a Moisés con una "voz", "cara a cara", como un "amigo", "boca a boca" y "claramente" y Dt 5:28 implica que Dios habló a Moisés tal como los israelitas hablaron a Moisés (cf. Is 22:14). Todo esto implica revelación directa y objetiva.

74 Una comparación cuidadosa entre las palabras de Dios dadas a Adán en Gn 2:16-17 y las palabras de Eva a la serpiente en Gn 3:3, ilustra muy bien la importancia de este principio.

de encuentros con Dios que son espirituales y subjetivos, sino que cuadra con la visión de la Biblia como auto revelaciones de Dios que son objetivas o proposicionales.[75]

4.2.2. Nuevo Testamento

De modo similar, el Nuevo Testamento pone el énfasis en la importancia de las palabras mismas de la Escritura, lo cual puede verse al menos de cuatro formas diferentes. Primero: el lenguaje usado en 2 Pedro 1:19-21 recuerda al de discusiones grecorromanas y judías relativas a la inspiración, que no muestran ningún papel ni control en los profetas.[76] Aunque el lenguaje de Pedro es ligeramente diferente, lo cual da pie a la atribución de carácter humano de la palabra,[77] por lo menos favorece el papel limitado de los humanos en el proceso de inspiración, implicando así que las palabras vienen de Dios mismo.[78] Segundo: Mateo 5:18 y Lucas 16:17 demuestran que Jesús vio importancia en el más diminuto y mínimo detalle de la Escritura, y Apocalipsis 22:18-19 afirma que añadir o quitar palabras de ese libro acarreará maldición.[79] Lo que estos tres textos tienen en común es la suposición implícita o la afirmación explícita de que las mismas palabras de la Escritura son importantes.[80] Tercero: hay montones de citas y alusiones del Antiguo Testamento en el Nuevo cuya validez depende de la exactitud de una palabra o frase corta, como en Mateo 2:5 (Belén), 15 (Egipto); 21:2-5 *pars* (asno; pollino); 22:44 *pars* (mi); Juan 8:17 (dos); 10:34 (dioses sois); 13:18, 26-

---

75 Jeremías 36 muestra también la importancia de las palabras: después de que el rey Joaquín quemara el primer rollo que Baruc había escrito al dictado de Jeremías, Jehová mandó a Jeremías de la siguiente manera: "Vuelve a tomar otro rollo y escribe en él *todas las palabras primeras* que estaban en el primer rollo" (v. 28; el énfasis es mío).

76 Por ejemplo, Platón, *Ion* 533e-535a; *Fedón* 244a-c.

77 Esto puede ser ilustrado por Ro 10:20, donde Isaías "dice resueltamente" las palabras que aparecen en Is 65:1. ¿Cómo se le podría atribuir a Isaías decir algo resueltamente si no participaba en el proceso de escribir?

78 Para textos y discusión, cf. §4.3 abajo y Bauckham, *Jude, 2 Peter*, 233-234. Aunque no es un caso estricto de inspiración, Jer 36 puede servir de ilustración del papel limitado de agentes humanos en el proceso de inspiración. Aunque en el sentido estricto Baruc fue al autor del rollo, el mensaje que contiene se refería a las "palabras de Jehová" (v. 6) y a las "palabras de Jeremías" (v. 10).

79 Algunos argüirían que estas palabras de cierre en Ap podrían extenderse hasta incluir toda la Escritura; aunque este podría tener legitimidad como paso sistemático, no lo sería así como exegético.

80 Que este fue el caso entre los judíos puede ser ilustrado por el testimonio de Josefo de que ningún judío ha añadido, quitado o cambiado ninguna parte de sus Escrituras (*Con. Ap.* 1:42). Que los judíos solían ser precisos en el lenguaje cúltico puede ser ilustrado por *m.* Ber 5, donde las oraciones, bendiciones e informes hechos por alguien debían ser exactos.

27 (pan); 19:33-37 (quebrar; abrir/traspasar); Romanos 4:3 (creer), 9 (fe), 23 (le fue contada); 15:9-12 (gentiles); Gálatas 3:13 (madero); Hebreos 3:13 (hoy); 4:7 (hoy).[81] Todos estos ejemplos implican que los autores del Nuevo Testamento vieron la importancia de las palabras mismas. Cuarto: hay unos pocos textos del Nuevo Testamento cuya validez depende de detalles gramaticales pequeños encontrados en textos del Antiguo Testamento, como Mateo 22:32 *pars* (tiempo verbal), 44-45 *pars* (pronombre; una letra en hebreo), y Gálatas 3:16 (número gramatical; una letra en hebreo).[82] De nuevo, estos ejemplos demuestran que los autores del Nuevo Testamento vieron la importancia de los detalles diminutos del texto, y no solo las ideas.[83]

4.2.3. Conclusión

Concluyendo, la prueba combinada del Antiguo y Nuevo Testamento da por sentado de manera implícita y afirma de manera explícita que las mismas palabras de la Escritura vienen de Dios y son, por tanto, importantes. Dicho punto de vista se llama "inspiración verbal" y se opone al punto de vista que entiende la inspiración como un encuentro subjetivo del individuo con Dios, y se alinea con el de ser una revelación objetiva o proposicional de Dios al individuo. Esta conclusión fortalece la conexión entre Dios, quien es veraz, y su auto revelación en la Escritura.

4.3. Inspiración plenaria

La tercera parte trata el asunto de si se extiende la auto revelación de Dios a cada parte de la Biblia. Expresando el asunto en forma de pregunta: ¿está la Biblia compuesta solo de la auto revelación de Dios (sin importar lo que tal revelación pueda incluir), o está compuesta también de testimonio humano, especialmente cuando el tema cambia de la fe y la práctica a la ciencia, la historia y otros temas parecidos? Dicho de otro modo: si todas las bandas coinciden en que el propósito fundamental de la Biblia es ofrecer

---

81 Para ejemplos parecidos, cf. Roger Nicole, "New Testament Use of the Old Testament," en *Revelation and the Bible*, ed. Carl F. H. Henry (Grand Rapids, MI: Baker Books, 1958), 139.

82 Para ejemplos parecidos, cf. Greg Bahnsen, "The Inerrancy of the Autographa," en Geisler, *Inerrancy*, 169. Para paralelismos rabínicos relativos a la importancia de las letras y palabras en la Biblia hebrea (aunque todas las pruebas son del s. II d.C. o de fechas posteriores), cf. Hermann Strack and Paul Billerbeck, *Kommentar zum Neuen Testament aus Talmud und Midrasch* (München: C. H. Beck, 1922), 1:244-249.

83 Ejemplos de ver la importancia en el nivel de la palabras y letras se encuentran en la Mishná; cf. Maas. Sh. 5:10; Yoma 1:1; Taan. 4:8; Sot. 2:4-5; 8:4; Sanh. 10:3; Avot 3:18; Hor. 1:4.

a la humanidad un testimonio seguro en cuanto a la fe y la práctica,[84] algunos buscarían limitar la inerrancia solo a estas áreas, y admitir errores en la Biblia cuando toca asuntos como la ciencia, historia, etc. Así, dadas las múltiples referencias en la Biblia a la autoría humana (Mt 3:3; 15:7 *pars*; 19:7-8 *pars*; 22:24; Mr 1:44; 7:10; Lc 16:29, 31; 24:25; Jn 1:45; [8:5;] Hch 2:25, 34; 3:21; 6:14; 7:37; 26:22; Ro 10:19; 11:9; Heb 7:14), ¿implica esto que algunas partes de la Biblia tienen origen humano y no son necesariamente inerrantes?[85]

Para ser justos, los cristianos que muestran estos argumentos mantienen que el propósito fundamental de la Escritura se relaciona con asuntos de la fe y la práctica, e insisten así en que el propósito fundamental de la Biblia no ha sido corrompido a pesar de estos errores científicos e históricos.[86] Además, en tanto en cuanto la inmensa mayoría de material bíblico se dedica a asuntos de la fe y la práctica, estos cristianos tienen mucho en común con los inerrantistas en relación a la infalibilidad o inerrancia de la Escritura. No obstante, como se muestra a continuación, mostrar tal distinción entre asuntos relativos a la fe y a la práctica por un lado, y a la ciencia e historia por el otro, no está justificado, ni por estudios de cómo otros han tratado la evidencia en el pasado, ni por cómo la Escritura la trata. Hay al menos tres razones para pensar que todas las palabras de la Biblia, y no solamente algunas, tienen origen divino, y estas razones serán desarrolladas más adelante.

4.3.1. Testimonio judío y cristiano primitivo

Primero, aunque resulte anecdótico, los tempranos testimonios judíos y cristianos negaron de modo unánime prácticamente cualquier componente humano en el proceso de inspiración. Tal afirmación implica que el hombre no ha escrito su propio testimonio en la Biblia, sino que Dios ha hablado a través de él; y como el conocimiento de Dios es detallado y veraz, él hablaría con verdad sobre cualquier tema del que hablase. Además de la evidencia bíblica directa que defiende este punto de vista (ej.: Nm 22:38;

---

84 A medida que la conversación fue desarrollándose a lo largo de las décadas, el término "infalibilidad" se usaba para referirse a la veracidad de la Biblia en relación a asuntos relativos a la fe y la práctica, y el término "inerrancia" se usaba para referirse a la veracidad de la Biblia en relación a todos los temas tratados en ella.

85 Este fue, por ejemplo, el modo en que Agustín abordó el libro de *1 Enoc*, que él consideraba contener alguna verdad y contenido divino, pero que aparecen mezclados con fábulas y falsedades. Es por esta razón, concluye, que *1 Enoc* no puede ser considerado canónico (*Ciudad* 15:23).

86 Históricamente ha sido el modo de verlo de muchos teólogos europeos (alemanes, daneses e ingleses), y también de un número creciente de expertos norteamericanos.

24:13), los autores judíos y cristianos que expusieron dicha perspectiva (y solían comparar los autores bíblicos con instrumentos musicales "tocados" por el Espíritu Santo) son Filón de Alejandría (*Heredero*, 265; *Espec.* 1:65; 4:49); *4 Esdras* (14:22, 37-47); *Génesis Rabbah* (8:8);[87] Justino Mártir (*Exhor.* 8); Teófilo de Antioquía (*A Auto.* 2:9); Atenágoras (*Leg.* 7, 9); e Hipólito de Roma (*Cristo y Anticristo* 2).[88] De nuevo, no debería olvidarse el vocabulario usado en 2 Timoteo 3:16 (θεόπνευστος) y 2 Pedro 1:21 (ὑπὸ πνεύματος ἁγίου φερόμενοι): Dios es el autor principal de la Escritura.[89]

De hecho, se abordó el mismo asunto de si ciertos versos eran de Dios o de autores meramente humanos en *b. Sanedrín* 99a.

Otra enseñanza dice: "*Por cuanto tuvo en poco la palabra del Señor*", se refiere al que dice que la Torá no es del cielo. Aunque diga que toda la Torá es del cielo, menos un solo versículo, el cual no lo dijo el santo, bendito sea, sino Moisés mismo, queda comprendido en [la frase] *por cuanto tuvo en poco la palabra del Señor*. Y aunque diga que toda la Torá es del cielo, menos una minucia, una deducción por *cal vajomer* o por analogía, queda comprendida en [la frase] *por cuanto tuvo en poco la palabra del Señor*.[90]

---

87 Este texto es interesante: "R. Semuel bar Najmán dijo en nombre de R. Yonatán: Cuando estaba Moisés escribiendo la Torah, y le tocaba consignar la obra de cada día, al llegar al versículo Y DIJO DIOS: HAGAMOS AL HOMBRE, etc.: exclamó: «¡Soberano del universo! ¿por qué ofreces un pretexto a los herejes?» «¡Escribe! —le respondió—. El que quiera equivocarse, que se equivoque." (Luis Vegas Montaner, *Génesis Rabbah I* [Navarra: Editorial Verbo Divino, 1994], 114). Nótense dos observaciones importantes del punto de vista de *Génesis Rabbah* con respecto a la inspiración: 1) los autores humanos eran conscientes de lo que estaban escribiendo; 2) los autores humanos tenían que escribir las palabras exactas que Dios quería, aun si ello iba contra su voluntad.

88 Josefo *Antig.* 4:119 puede ser otro ejemplo, pero no se sabe si Josefo estaba afirmando su propia posición o solo informando sobre lo que el propio texto bíblico decía.

89 Un lenguaje similar aparece en Filón cuando dice que "sus leyes son oráculos revelados por Dios (θεόχρηστος)" (*Embajada a Gayo* 210; José María Triviño, *Obras Completas de Filón de Alejandría* [Buenos Aires, 1976], 5:220). La palabra traducida "revelados por Dios" significa "entregado por Dios," así evocando la unión directa entre Dios y sus oráculos, es decir, la Escritura hebrea (Henry George Liddell y Robert Scott, *A Greek-English Lexicon*, rev. y aum. por Sir Henry Stuart Jones y Roderick McKenzie [Oxford: Clarendon Press, 1940], s.v. θεόχρηστος [accedido en perseus.tufts.edu; 10 agosto, 2018]). Sin embargo, cf. *Vida de Moisés* 2:188 donde parece distinguir entre tres tipos diferentes de profecía (Yehoshua Amir, "Authority and Interpretation of Scripture in the Writings of Philo," en *The Literature of the Jewish People in the Period of the Second Temple and the Talmud, Volume 1, Mikra: Text, Translation, Reading and Interpretation of the Hebrew Bible in Ancient Judaism and Early Christianity*, ed. Martin-Jan Mulder [Leiden: Brill, 1988], 421-453, aquí 437ss.

90 Abraham Weiss (ed.), *El Talmud de Babilonia. Tratado Sanedrín* (Buenos Aires: Acervo Cultural, 1968), 99a (p. 411). Para afirmaciones semejantes, cf. *m.* San. 10:1; Pseudo-Filón, *Antigüedades de la Biblia* 25:13.

Si bien esta prueba combinada no pude determinar si la Biblia debería ser dividida o no en partes de fe y práctica y partes de ciencia e historia, sí que demuestra que el testimonio unánime de los primeros judíos y cristianos acabó con el papel intermediario de los humanos en el proceso de inspiración, comparándolos a objetos pasivos como instrumentos musicales que respondían perfectamente a la iniciativa de Dios.[91] Esto, a su vez, hace a Dios el autor principal de la Escritura, lo cual, a su vez, implica la veracidad de la Biblia.

4.3.2. Perspectiva de Jesús sobre las relaciones entre las verdades mundanas y espirituales

Segundo, y centrándonos más: en Juan 3:12 Jesús conecta su confiabilidad con respecto a asuntos mundanos con su confiabilidad con respecto a asuntos espirituales: "Si os he dicho cosas terrenales y no creéis, ¿cómo creeréis si os digo las celestiales?".[92] Es decir, la relación apropiada entre asuntos espirituales y mundanos no es la de origen divino y humano respectivamente, con la última abierta a la equivocación. Más bien Jesús evoca la idea de una escalera de conocimiento, en la que los asuntos mundanos representan los escalones más bajos, las experiencias observables y verificables, y que conducen a los escalones más altos de las verdades espirituales que no están abiertas a las observación y verificación. De este modo, la importancia de la veracidad de la Biblia respecto a datos científicos e históricos no resulta minimizada, sino aumentada, porque su testimonio permite al individuo examinar si Dios es o no veraz en áreas observables antes de creer que Dios es veraz en las que no lo son.[93] Además, no hay que olvidar que los asuntos espirituales y mundanos no siempre pueden ser separados con facilidad; como en el caso, por ejemplo, de la sexualidad, el cambio climático, la investigación con células madre,[94] por

---

91 Un asentimiento bíblico para este punto de vista sería las experiencias extáticas de al menos algunos profetas, como aparece en 1Sa 10; 19:20-24 y en los libros de Ez y Ap. No obstante, nótese que la pasividad completa no es el único fenómeno encontrado en la Biblia; por ejemplo, sería muy difícil reconciliar 1Co 1:14-16 con tal postura. La evaluación que Henri Blocher hace de la ilustración del instrumento musical es sabia: "La intención [...] es para glorificar el origen divino, y *no* para negar el papel humano" ("God and the Scripture Writers," 513, énfasis del autor).

92 Así Bahnsen, "The Inerrancy of the Autographa," 153; Feinberg, "The Meaning of Inerrancy," 281. Cf. Luke 16:10-11 para un principio parecido.

93 Esta es la suposición de muchas partes de la Biblia (ej.: Pr) que hacen observaciones científicas sobre el mundo y extraen de ellas aplicaciones espirituales.

94 William Brown, "Introduction," en William Brown (ed.), *Engaging Biblical Authority: Perspectives on the Bible as Scripture* (Louisville, KY: Westminster John Knox Press,

no hablar de los hechos de Dios tan abrumadoramente importantes en la historia, como la creación, el Éxodo y la resurrección de Cristo.

4.3.3. Evidencia ofrecida por el Nuevo Testamento

Tercero: el Nuevo Testamento está repleto de referencias al Antiguo en las que aquel cita datos históricos aparentemente triviales del segundo, pero que, sin embargo, conducen con frecuencia a la fe y a la aplicación práctica: la ropa de Salomón fue bonita (Mt 6:29); David comió los panes de la proposición (Mt 12:3-4 *pars*); Jonás estuvo en el vientre del gran pez y predicó a los ninivitas (Mt 12:40-41 *pars*);[95] la reina del Sur visitó a Salomón (Mt 12:42 *pars*); Zacarías fue asesinado entre el Templo y el altar (Mt 23:35); en tiempos de Noé la gente comía, bebía y se casaba (Mt 24:37-39 *pars*); Elías fue enviado a una viuda en Sarepta (Lc 4:25-26); Naamán fue limpiado de lepra (Lc 4:27); Moisés levantó la serpiente en el desierto (Jn 3:14); Jacob dio un campo a José (Jn 4:5); los israelitas comieron maná (Jn 6:49-51); Abraham compró un sepulcro de los hijos de Hamor (Hch 7:16); otro rey de Egipto no conocía a José (Hch 7:18); Moisés tuvo dos hijos (Hch 7:29); Saúl, hijo de Cis, era de la tribu de Benjamín (Hch 13:21); Abraham fue reconocido justo antes de ser circuncidado (Ro 4:10); un hombre pecó, y solo tuvo que hacerlo una vez (Ro 5:12-21); Adán fue creado antes que Eva y no fue engañado, sino que lo fue Eva (1Co 11:3-16; 1Ti 2:11-15); se escribió el Salmo 95 después del libro de Números (Heb 4:1-13); no se mencionan los detalles genealógicos y biográficos esperados de Melquisedec (Heb 7:3); Jacob apoyó su cabeza sobre su bastón (Heb 11:21); los padres de Moisés pensaron que era un niño hermoso (Heb 11:23); y Esaú vendió su primogenitura por una sola comida (Heb 12:16).[96] Dicha evidencia es importante por dos razones: primero: refuerza la idea de que las palabras mismas de la Escritura son importantes y no solo meras ideas (ver §4.2 más arriba); segundo: sugiere que los escritores del Nuevo Testamento no hicieron distinción alguna entre textos relacionados con la fe y la práctica y textos relacionados con la ciencia y la historia, sino que tomaron las

---

2007), xii. Nótese Brown no apoya la inerrancia (*ibid*, xi). Agustín hizo un argumento muy parecido a esto; cf. *Del Génesis a la letra* 1:18:37.

95 Si bien es posible que Jonás sea una parábola, al menos hay tres factores que sugieren su carácter histórico: 1) comienza como otros libros proféticos del AT, todos de los cuales reclaman ser históricos al menos en algún sentido; 2) se menciona Jonás en 2Re 14:25 y por tanto se entendió como una persona histórica desde fechas tempranas; 3) Jesús parece haber comprendido el libro como histórico porque dice que "los hombres de Nínive" se levantarían y condenarían a los que no se arrepintieran por sus enseñanzas.

96 Otros textos podrían añadirse a esta lista, como el hecho de que Dios hizo el mundo en siete días (Éx 20:8-11) y el número de panes que se reunieron después de que Jesús alimentase a la multitud (Mr 8:19-21 *pars*).

Escrituras hebreas como un todo.[97] Por ello, fueron simplemente fieles a la teología expresada en Proverbios 30:5, de que "*toda* palabra de Dios es limpia" (el énfasis es mío).

Se abre aquí un paralelismo interesante con otro campo de interpretación bíblica. Desde Tomás de Aquino (c. 1225-1274), los cristianos han tendido a dividir las leyes del Antiguo Testamento en moral, civil y ceremonial. En las últimas décadas, sin embargo, ha habido un consenso creciente entre los expertos en Nuevo Testamento de que dicha división tripartita nunca fue planteada por los autores de ambos, el Antiguo y el Nuevo Testamento, sino que es un concepto foráneo aplicado forzadamente a la Escritura.[98] En vez de eso, consideraron que el Antiguo Testamento era íntegro, que se mantuvo o cayó como un todo. Tal lectura del Antiguo Testamento es, con seguridad, la correcta (¡aun si hace la interpretación más difícil!), y continuará, sin duda, siendo la visión estándar por bastante tiempo. Lo importante para el estudio actual es que, igual que las leyes del Antiguo Testamento no pueden dividirse en morales, civiles y ceremoniales, tampoco puede ser la Biblia dividida entre fe y práctica por un lado y ciencia e historia por otro y considerar solo la primera de ellas como de origen divino y, por tanto, inerrante. Toda la Biblia ha de ser vista como íntegra, que permanece o cae como un todo, tal como sus autores consideraron que sucedía.

4.3.4. Conclusión

Para concluir esta parte, la Escritura no se permite a sí misma ser dividida entre fe y práctica por un lado, y ciencia e historia por otro, y el testimonio más temprano que tenemos en relación a la inspiración no atribuye casi ningún papel a los humanos y, por tanto, hace una conexión directa entre la Escritura y Dios, quien es la verdad.[99] Dicho punto de vista se llama "inspiración plenaria". Por tanto "toda" la Escritura o "lo que sea" que fue escrito (Lc 24:25, 27; Hch 24:14; Ro 15:4; 2Ti 3:16) significa que la Escritura

---

97 A este respecto los comentarios de William Mounce sobre el uso de πᾶς (todo) en 2Ti 3:16 son totalmente apropiados: "[T]raducir πᾶς como 'cada' recalca el hecho de que el origen de cada elemento del AT viene de Dios" (*Pastoral Epistles*, 566). Es decir, Dios es el autor de cada afirmación registrada en la Biblia.

98 Por ejemplo, Robert Banks, *Jesus and the Law in the Synoptic Tradition* (Cambridge: Cambridge University Press, 1975); J. P. Meier, *Law and History in Matthew's Gospel: A Redactional Study of Mt. 5:17-48* (Rome: Biblical Institute Press, 1976); Douglas Moo, "Jesus and the Authority of the Mosaic Law," *JSNT* 20 (1984): 3-49.

99 No debería olvidarse el testimonio de Pr 30:5 y 2Ti 3:16: "toda palabra" de Dios es "limpia" y "toda la Escritura" es "inspirada." No hay restricción ni limitación en la Biblia para las palabras de Dios.

ha de ser tomada como un todo unificado, y no como dividida en partes mundana y espiritual.[100]

4.4. La encarnación como posible ilustración para comprender la inspiración de la Biblia

La parte final de este trabajo trata brevemente de la encarnación como posible ilustración para comprender la inspiración de la Biblia y su relación con la inerrancia. El argumento en su forma más básica es este: así como Jesús fue totalmente humano y aun así totalmente verdadero, igualmente es la Biblia totalmente humana y aun así totalmente verdadera.[101] Así, igual que ambos, el elemento divino y el humano estuvieron totalmente activos y fueron plenamente compatibles en Jesús; del mismo modo, ambos elementos, el humano y el divino, lo son en la Biblia. Dicho de otra forma: la verdadera humanidad no exige el error, especialmente cuando dicha humanidad es imbuida del Espíritu de Dios. Si bien la ilustración no debería ser llevada muy lejos,[102] no obstante, es de gran ayuda para ilustrar cómo Dios podría inspirar una Biblia inerrante mediante autores humanos.[103] Pero esta ilustración es aún más útil cuando nos percatamos de lo frecuentemente que la Biblia puede referirse en el mismo texto a ambas, la autoría divina y humana (2Sa 23:2; Mt 1:22; 22:43 *pars*;

---

100 Wayne Grudem, de modo parecido, concluye: "Fracasará sin duda alguna todo intento de encontrar en la Biblia cualquier atisbo para restringir las áreas en las cuales la Escritura sea fiable y veraz, porque hay cientos de versículos que implican que la palabra de Dios es siempre digna de confianza" (Grudem, "Scripture's Self-Attestation," 58).

101 Otro paralelismo podría ser el tabernáculo. En Éx 31:1-11 Dios llenó a Bezaleel (¿y Aholiab?) con su Espíritu para el propósito de construir el tabernáculo. De este modo, el tabernáculo es el resultado de ambos, un empeño totalmente divino y totalmente humano.

102 Gregory Beale ha señalado una debilidad obvia en la ilustración: "Mientras que la encarnación de Cristo se trata de una persona con dos naturalezas, la Escritura se trata de dos personas —Dios y el profeta humano— y una naturaleza, es decir, el acto de discurso escritural" (*The Erosion of Inerrancy in Evangelicalism: Responding to New Challenges to Biblical Authority* [Wheaton, IL: Crossway Books, 2008], 40).

103 Para autores que han evocado la encarnación como ilustración de inspiración, cf. Orígenes, *Sc. Mat.* 1:18 (*PG* 17:289); Papa Pío XII, *Divino afflante Spiritu*, §37; J. I. Packer, "Inerrancy and the Divinity and the Humanity of the Bible," en *The Proceedings of the Conference on Biblical Inerrancy, 1987* (Nashville, TN: Broadman Press, 1987), 135-142, aquí 142; David Dockery, *Christian Scripture: An Evangelical Perspective on Inspiration, Authority, and Interpretation* (Nashville, TN: Broadman & Holman, 1995), 38; Blocher, "God and the Scripture Writers," 530-532 (cita a Abraham Kuyper y a Herman Bavinck, entre otros, como apoyo); Peter Enns, *Inspiration and Incarnation: Evangelicals and the Problem of the Old Testament* (Grand Rapids, MI: Baker Academic, 2005), esp. 17-18, 168-169 (se debe notar que Enns no apoya la inerrancia).

Mr 7:10//Mt 15:3-4;[104] Lc 1:70; Hch 1:16; 2:16-17; 3:18, 21; 4:25; 28:25; Ro 1:2; 9:25; Heb 1:1-2; 4:7). Brevemente, lo que tenemos en la Escritura es un texto que es totalmente humano y totalmente divino, con el elemento divino asegurándonos que Dios se ha revelado a Sí mismo verazmente.[105]

4.5. Resumen

Resumiendo la sección central de este trabajo, cuatro conclusiones pueden extraerse: Primera: es justo reclamar que la Biblia proviene de Dios, por los muchos modos en que la Biblia misma lo atestigua. Segunda: la inspiración es fundamentalmente el producto de auto revelaciones de Dios de carácter proposicional y objetivo, y no de encuentros con Dios que son subjetivos y espirituales. Tercera: se aplica la inspiración a toda la Biblia, y no solo a aquellas partes que tratan de fe y práctica. Cuarta: la encarnación sirve como un ejemplo útil de cómo lo divino y lo humano pueden cooperar. El término usado para describir esta visión de la Biblia se llama "inspiración verbal plenaria", que significa que todas (plenaria) las palabras (verbal) de la Biblia provienen de Dios (inspiración), implicando así que toda la Biblia es inerrante. Dicho modo de ver la Biblia ha sido la postura principal y ortodoxa entre los cristianos desde el principio y no fue puesto en duda hasta la modernidad.[106] La próxima sección contiene la conclusión del silogismo, y provee algunas aclaraciones esenciales en relación al significado preciso de inerrancia.

5. Por tanto, la Biblia es veraz

Habiendo avanzado en el argumento, se han probado como coherentes las premisas mayor y menor, a saber, que las palabras de Dios son verdad y que la Biblia es la palabra de Dios. La conclusión, pues, es lógicamente ineludible, a saber, que la Biblia es veraz (es decir, inerrante). Sin embargo, al menos cuatro aclaraciones han de hacerse para que la conclusión quede entendida apropiadamente. Dichas aclaraciones son las siguientes: La

104 Marcos 7:10 dice "Moisés dijo" donde Mt 15:4 dice "Dios mandó." Tanto si uno apoya la opinión patrística que Marcos era un resumen de Mateo o la moderna de que Mateo era un desarrollo de Marcos, ambas coinciden en que un autor conocía el trabajo del otro. Y esto es importante porque un autor se sintió libre para cambiar "Moisés dijo" por "Dios mandó", o al revés, sin ningún escrúpulo.

105 La Iglesia católica romana reconoce oficialmente a ambos, Dios y el hombre como "autor(es)" (Dei verbum 11), y esto tiene raíces profundas en la tradición de la Iglesia.

106 Cf. John Woodbridge, Biblical Authority: A Critique of the Rogers/McKim Proposal (Grand Rapids, MI: Zondervan Publishing House, 1982); John Hannah (ed.) Inerrancy and the Church (Chicago: Moody Press, 1984).

Biblia es verdad: 1) en sus *autógrafos* originales; 2) cuando se interpreta correctamente; 3) cuando se conocen todos los hechos; 4) con grados diversos de claridad y precisión. Cada punto será tratado en este orden a continuación.

5.1. En sus "autógrafos" originales

Para empezar, la Biblia es verdad en sus *autógrafos,* es decir, sus manuscritos originales. Cuatro clarificaciones más profundas deben hacerse en relación a esto. Primera: no se extiende la inerrancia a todo lo que los profetas o apóstoles dijeron, escribieron o hicieron durante sus vidas (ej.: 1Cr 29:29-30; 2Cr 26:22;[107] Gá 2:11ss[108]), sino que se limita a los escritos que hicieron bajo la inspiración del Espíritu de Dios (2Ti 3:16; 2Pe 1:19-21).[109]

Segunda: se debe clarificar la relación entre los *autógrafos* y sus copias. Por un lado, la inerrancia no se extiende a las copias posteriores de los *autógrafos* originales en las que errores de los escribas podrían haberse introducido en la tradición textual.[110]Ambos, judíos y cristianos, fueron conscientes de las variantes textuales desde un periodo muy temprano

107 Parece improbable que la referencia aquí sea al libro de Isaías, porque se menciona Uzías solo en 1:1; 6:1 y 7:1 (cf. Raymond Dillard, *2 Chronicles* [WBC 15; Nashville, TN: Thomas Nelson, 1987], 211). Así, parece ser una referencia a un trabajo perdido de Isaías.

108 En relación a la disputa entre Pedro y Pablo, empezando tan pronto como en la época de Tertuliano, varios expertos han hecho el argumento que el tema de debate en Gá 2:11ss no fue lo que Pedro *dijo,* sino lo que él *hizo.* Según esta interpretación, no es que Pedro y Pablo se contradijeran entre sí con mensajes diferentes del evangelio, sino que el asunto sería que Pedro no estaba viviendo conforme al mensaje del evangelio que ambos estaban predicando (Baum, "Is New Testament Inerrancy," 271).

109 Esta explicación es intencionadamente general, y puede incluir historias composicionales como segundas copias (Jer 36), historias de "liosa" composición (quizá 2Co), amanuenses (ej.: Ro 16:22) e incluso adiciones luego autorizadas de textos previos (ej.: Gn 14; Dt 34).

110 Así, por ejemplo, 2Sa 10:18 dice que hubo 700 carros cuando su equivalente sinóptico en 1Cr 19:18 registra 7.000. Es posible –si no probable– que este sea un ejemplo de un error de escritura que se ha colado en la tradición manuscrita (para otros ejemplos, cf. 2Sa 23:8//1Cr 11:11; 1Re 4:26//2Cr 9:25; 2Re 24:8//2Cr 36:9). Se pueden explicar todos como diferencias "decimales", un error de escritura particularmente fácil de cometer (cf. Gleason Archer, "Alleged Errors and Discrepancies in the Original Manuscripts of the Bible," en Geisler, *Inerrancy,* 60-61). Se encuentra un ejemplo único en Gn 14:14 donde "Dan" parece haber sido registrado en lugar de su nombre original Lais (Jue 18:29). Este podría ser un caso de error de escritura, de actualizar el texto o de identidad equivocada entre dos pueblos distintos, Dan y Lais. Sobre el asunto de actualizar y cómo se relaciona con la inspiración y la inerrancia, cf. Michael Grisanti, "Inspiration, Inerrancy, and the OT Canon: The Place of Textual Updating in an Inerrant View of Scripture," *JETS* 44 no 4 (2001): 577-598.

e intentaron preservar (o restaurar) la lectura correcta.[111] De paso, debe notarse que la Biblia cristiana es el libro mejor preservado de toda la antigüedad y, por tanto, el cristiano tiene todo el derecho de defender estar en posesión de una copia fiel de los *autógrafos* originales. Por otro lado, la inerrancia sí que se extiende a las copias posteriores de los *autógrafos* originales en la medida en que preservan con exactitud el texto. El hecho de que no poseamos los *autógrafos* originales (es decir, los documentos físicos) no significa necesariamente que no poseemos el mensaje original (es decir, las palabras).[112] La preservación del mensaje original —no de los *autógrafos* originales— es lo más importante, y la crítica textual permite a los cristianos tener la confianza de que aún tienen el mensaje original.

Tercera: no se extiende la inerrancia a traducciones de la Biblia, porque es harto conocido que algunas de ellas lo han hecho incorrectamente en algunas partes de la Escritura (ej.: *la Vulgata* en Mt 4:17).[113] No obstante, las comunidades judías y cristianas tienen unos dos mil años de práctica traductora, y ambas tienen largas historias de haber producido traducciones fieles al lenguaje original. De hecho, el hecho de que varios autores del Nuevo Testamento usaran la Septuaginta —y no el texto hebreo y arameo— testifica del hecho de que las traducciones de la Escritura podían ser usadas para transmitir el mensaje de la Escritura de modo correcto.

Cuarta: uno debe distinguir entre lo que significa la frase *"autógrafos originales"* para el Antiguo Testamento y el Nuevo. Por un lado, es bastante sencillo identificar los manuscritos originales de los variados trabajos del Nuevo Testamento. Si tomamos una de las cartas de Pablo como ejemplo, después de que él la escribiera (o la dictara a un amanuense), y después de que él (presumiblemente) la revisara y editara, el texto final puede ser llamado el *autógrafo* original. Por otro lado, el caso es diferente para ciertos textos del Antiguo Testamento, porque parece haber evidencia considerable de que los *"autógrafos* originales" son el resultado de una larga actividad editorial que incluye adiciones y quizás ediciones por escribas posteriores (ej.: Gn 14; Dt 34; LXX Jer vs. MT Jer; Pr).[114] Por tanto, cuando

---

111 Para ejemplos judíos, cf. *Car. Ar.* 32; Josefo, *Con. Ap.* 1:42; *m.* Meg. 2:2; MoedQa. 3:4; *ARN* 34; *Gn. Rab.* 12:6; *Sif. Nm.* 69; *b.* Meg. 16b; varios *masorah*. Para ejemplos cristianos, cf. Ireneo, *Con. Her.* 5:30:1; Orígenes, *Com. Mt.* 15:14.

112 Para una discusión útil sobre términos como "Biblia", "texto" y "original", cf. Peter Williams, "Ehrman's Equivocation and the Inerrancy of the Original Text," en Carson, *Enduring Authority*, 389-406.

113 Así sería incorrecto concluir, como hicieron muchos autores antiguos, que la LXX fue una traducción inspirada; cf. Filón de Alejandría, *Moisés* 2:37-40; Justino Mártir, *Exhor.* 13; Agustín, *Doct. crist.* 2:15 (cf. 4:7:15).

114 Para ejemplos de expertos (inerrantistas) que argumentan así, cf. Bruce Waltke, "Historical Grammatical Problems," en Earl Radmacher y Robert Preus (eds.),

hablamos de ciertos textos del Antiguo Testamento, lo mejor es reservar la frase *"autógrafos* originales" para referirse a la forma final o canónica del texto, y reservar otras frases como "primer borrador", "segundo borrador", etc., o "borrador preliminar" para referirse a los estados previos de la historia composicional del texto.[115] Viéndolo así, la crítica textual se extendería solo a los *"autógrafos* originales" (es decir, a su forma final) y no a cualquier estado previo de desarrollo.[116]

Para afirmar el asunto positivamente, decir que aplicar la inerrancia a los *autógrafos* originales es enfocarse en el mensaje[117] verbal y específico que Dios reveló originalmente. Por tanto, lo mejor es afirmar que la inerrancia llega hasta las traducciones de la Biblia hechas en nuestros días bajo dos condiciones: 1) los manuscritos en los que se basa la traducción reflejan fielmente los *autógrafos* originales, y 2) la traducción refleja fielmente las lenguas originales. Como la mayoría de las traducciones cumple suficientemente estas dos condiciones, es justo concluir que la inerrancia puede extenderse a las Biblias modernas.

Hermeneutics, Inerrancy, and the Bible: Papers from ICBI Summit II (Grand Rapids, MI: Zondervan, 1984), 69-129, aquí 78; E. Earle Ellis, *The Old Testament in Early Christianity* (Grand Rapids, MI: Baker Books, 1992), 43-44; Daniel Block, "Recovering the Voice of Moses: The Genesis of Deuteronomy," *JETS* 44.3 (2001): 385-408; Grisanti, "Inspiration"; J. Daniel Hays, "Jeremiah, the Septuagint, the Dead Sea Scrolls, and Inerrancy: Just What Exactly Do We Mean by the 'Original Autographs'?", en V. Bacote, L. Miguélez, y D. Okholm (eds.), *Evangelicals and Scripture: Tradition, Authority, and Hermeneutics* (Downers Grove, IL: InterVarsity Press, 2004), 133-149; *idem*, "Inerrancy and Evangelical Old Testament Scholarship", en Bovell, *Interdisciplinary Perspectives*, 109-132, aquí 114-118. Por ofrecer solo un ejemplo, Bruce Waltke provee de una lista de unos 80 versículos del Pentateuco que son parcial o totalmente "aMosaicos" (*Genesis: A Commentary* [Grand Rapids, MI: Zondervan, 2001], 28 n. 41). Sin embargo, nótese que algunos expertos defenderían que dichas adiciones y ediciones no son autorizadas, y por tanto quedarían bajo la misma rúbrica que otros famosos pasajes del NT como Mr 16:9-20 y Jn 7:53-8:11.

115 Grisanti, "Inspiration," 580-581; cf. 582-588 para varios ejemplos de posibles/probables enmiendas textuales.

116 Algunos (ej.: John Owen, Francis Turretin, John Gill) se han pasado en decir que aún los puntos vocálicos del texto hebreo son inspirados (cf. *Consenso helvético* [1675], canon 2). No fueron añadidos los puntos vocálicos al texto hasta la Edad media, y algunos pueden mostrarse como incorrectos; ej.: comparar Gn 47:31 ("cama") con Heb 11:21 ("bastón"). Las palabras para "cama" y "bastón" en hebreo son iguales en cuanto a consonantes, pero difieren en cuanto a vocales. Si se "volviese a puntuar" la palabra "cama" en Gn 47:31, la diferencia entre los dos textos quedaría resuelta.

117 De nuevo, la frase *"autógrafos* originales" no se enfoca en los elementos materiales como papiro y tinta, sino en el mensaje que los elementos materiales transmiten; cf. B. B. Warfield, *Textual Criticism of the New Testament* (London: Hodder & Stoughton, 1889), 1; Bahnsen, "The Inerrancy of the Autographa," 161; Williams, "Ehrman's Equivocation," 395.

5.2. Cuando es interpretada correctamente

La Biblia es veraz cuando se interpreta correctamente. Dicha afirmación, de algún modo, anticipa un tratamiento más profundo que se ofrece más adelante, pero que se tratará aquí con más brevedad. El asunto aquí es afirmar que la inerrancia se solapa invariablemente con otros asuntos como la hermenéutica.[118] Para demostrar esto con un caso, los que están persuadidos de que la Biblia enseña que el Sol gira alrededor de la Tierra (ej.: Jos 10:12-14; Sal 19:4-6) deben extraer la conclusión de que la Biblia es errónea aquí debido a los descubrimientos de la ciencia moderna. Sin embargo, si tales pasajes no enseñan que el Sol gira alrededor de la Tierra, sino que lo que hacen es describir la relación del Sol y la Tierra vista por un observador humano y desde un nivel fenomenológico, entonces no hay ninguna contradicción entre la Escritura y la ciencia en este asunto.[119] Los casos podrían ser multiplicados pero al final, el modo en que uno interprete la Biblia afectará al hecho de ver en ella errores o no verlos.

5.3. Cuando todos los hechos son conocidos

La Biblia es verdad cuando se conocen todos los hechos. Esta cualificación se ha incluido porque a veces la Biblia ha sido acusada de tener errores, solo para ser defendida después por nuevos descubrimientos o por interpretaciones del texto más convincentes. Por citar solo un ejemplo, a principios de los 90 algunos expertos del Antiguo Testamento comenzaron a dudar de que el rey David (y Salomón) existieran.[120] Pero a mediados de los 90 fueron descubiertos o restaurados tres artefactos arqueológicos que contenían (probablemente) lecturas de la "casa" o "alturas" de "David" y

118 Al menos dos textos ejemplifican esto. Primero, Neh 8:8 dice que la Ley de Dios fue leída en voz alta y luego explicada para que la gente la pudiera entender. Segundo, 2Pe 1:19-21 afirma la doctrina de la inspiración, mientras que 3:15-16 toca el asunto de la hermenéutica. Estos textos son importantes para demostrar que la inspiración de la Biblia no implica necesariamente una interpretación fácil (aunque tampoco implica necesariamente que sea difícil de interpretar).

119 Este ha sido el argumento fundamental articulado por los teólogos y científicos durante más de cuatrocientos años. Trabajos importantes sobre el tema son el de Johannes Kepler, *Astronomia Nova*, publicado en 1609 y el de Galileo Galilei, "Carta a Castelli" (conocido con otros nombres, como "Carta a Cristina, la gran duquesa"), escrito primero en 1613 y publicado después en 1636. Para discusión, cf. Rodney Stiling, "Natural Philosophy and Biblical Authority in the Seventeenth Century," en Carson, *Enduring Authority*, 115-136.

120 Por ejemplo, P. R. Davies, "'House of David' Built on Sand: The Sins of the Biblical Maximizers" *BARev* 20.4 (1994): 54-55; J. Alberto Soggin, *An Introduction to the History of Israel and Judah*, 3ª ed. (London: SCM Press, 1999), 33 (p. 32 en su edición de 1993, ¡y parece que su mente no ha cambiado!).

que databan de los siglos IX-X a.C.[121] Aunque las pruebas arqueológicas en sí mismas no establecen nada, sí que crean precaución ante la adopción de un acercamiento "minimalista" para verificar datos históricos.

5.4. Con diversos grados de claridad y precisión que corresponden a sus propósitos

La veracidad de la Biblia es proporcionalmente clara y precisa en la medida en que trata asuntos relacionados con sus propósitos centrales. Aunque ningún resumen del propósito central de la Biblia es perfecto, sí que puede aseverar que tiene que ver con revelar la persona y hechos de Dios, sobre todo con respecto a la creación, redención y consumación. Es decir, la mayoría de la Biblia tiene que ver precisamente con asuntos conectados con la fe y la práctica (ej.: Jn 20:30-31; Ro 15:4; 1Co 10:1-6; 2Ti 3:14-17; 1Jn 5:13). Menos central a los propósitos de la Escritura son asuntos relativos a la ciencia y la historia y, por tanto, uno debería esperar menos claridad y precisión cuando la Biblia trata estos temas.[122] Por ejemplo: en Génesis 21:16 la Biblia dice que Agar se sentó "a la distancia de un tiro de arco" de su hijo. Esta afirmación tan imprecisa puede ser atribuida al hecho de que este detalle histórico particular queda en la periferia de los propósitos centrales de la Biblia. De hecho, en muchos (pero no en todos)[123] los casos donde la Biblia toca asuntos relativos a la ciencia e historia, meramente afirma el hecho científico y/o histórico, y se enfoca en su interpretación teológica (es decir, lo que Dios está revelando a través de él). Por poner un ejemplo: mientras que se registra la crucifixión de Jesús en varios lugares en el Nuevo Testamento, el foco no está en proveer su veracidad científica o histórica, sino en su interpretación teológica.[124] Por tanto, decir que la

---

121 Inscripción de Tel Dan: A. Biran and J. Naven, "An Aramaic Stela Fragment from Tel Dan," *IEJ* 43 (1993): 81-98; *idem*, "The Tel Dan Inscription: A New Fragment," *IEJ* 45 (1995): 1-18; estela de Mesa (Piedra moabita): A. Lemaire, "'House of David' Restored in Moabite Inscription," *BARev* 20.3 (1994): 30-37; lista topográfica de Shoshenq I: K. A. Kitchen, "A Possible Mention of David in the Late Tenth Century BCE, and Deity ¿DOD as Dead as the Dodo?" *JSOT* 76 (1997): 29-44.

122 Considere el siguiente ejemplo ofrecido por Wayne Grudem: "considera las siguientes afirmaciones: (1) 'Mi casa no está lejos de mi oficina.' (2) 'Mi casa está como a una milla y media de mi oficina.' (3) 'Mi casa está a 1.6 millas de mi oficina.' Las tres afirmaciones son totalmente ciertas (o 'inerrantes'). Las tres están libres de toda falsedad; no tienen ningún error. Y aunque la (3) es mucho más preciso que la (1), no es más 'veraz' que la (1)." ("Scripture's Self-Authentication", 51). Las tres afirmaciones deben ser evaluadas a la luz de los propósitos del autor.

123 La resurrección de Cristo sería una famosa excepción.

124 Otro ejemplo sería la historia de los reyes de Israel y Judá. Como ilustra Est 2:23; 6:1-2; 10:2, las "crónicas" de los reyes de Persia y de Media contenían varios

Biblia es inerrante en todo lo que dice es afirmar que sea lo que sea aquello de que hable, dice la verdad (Jn 3:12), aunque no sea igual de clara o precisa en todos los casos.

5.5. Conclusión

Para concluir, cuatro cualificaciones son importantes para una comprensión correcta de la inerrancia: la Biblia es verdad 1) en sus *autógrafos* originales, 2) cuando se interpreta correctamente, 3) cuando se conocen todos los hechos y 4) con diversos grados de claridad y precisión que corresponden a sus propósitos. Dichas cualificaciones (y otras) han sido necesarias incluir en la discusión debido a varias críticas dirigidas a la inerrancia. Con estas cualificaciones incluidas, sin embargo, la afirmación de que la Biblia es veraz queda bien defendida y, por lo tanto, como una posición que debe ser defendida y mantenida.

6. Lo que no es la inerrancia

La inerrancia trata un asunto muy particular, principalmente, la naturaleza de la Escritura con respecto a la verdad. Pero está relacionada con otros asuntos con los que se puede confundir fácilmente. A continuación, hay una breve discusión de tres asuntos que no deben ser confundidos con la inerrancia.

6.1. Visiones particulares de la inspiración

La Escritura deja espacio para varias maneras de entender la inspiración: desde la experiencia extática en la que el profeta es completamente pasivo (ej.: 1Sa 10; 19:20-24), a las confusas revelaciones de Daniel (Da 12:5-13), a las predicciones involuntarias de Ananías (Jn 11:50-51), a las correcciones de olvidos memorísticos y cambio de planes del apóstol Pablo (1Co 1:14-16; cp. 1Co 16:5-8//2Co 1:15-16) y todo lo que hay entremedias. Dicha variedad se insinúa en Hebreos 1:1, donde se dice que Dios habló a los profetas "muchas veces y de muchas maneras" y se ilustra en Números 12:6-8, donde Dios le dice a Aarón y Miriam que, mientras que él se revela

---

acontecimientos históricos. Suponiendo que eran más o menos parecidas a las "crónicas" de los reyes de Israel y Judá, podemos imaginar que contuvieran también mucha información histórica. Sin embargo, los libros de 1-2Re y 1-2Cr no están interesados tanto en la historia en sí como en su significado teológico. En otras palabras, sería difícil imaginar que documentos históricos como las "crónicas" de los reyes incluyeran frases como "El rey X hizo lo malo ante los ojos de Jehová", pero eso es exactamente el tipo de refrán repetido que aparece por todo 1-2Re y 1-2Cr.

a los profetas en "visiones" y "sueños", con Moisés lo hace "cara a cara". La inerrancia no trata el "cómo" de la inspiración, sino solo su resultado final con respecto a la verdad.[125] Lo que es importante, sin embargo, es articular la inspiración de tal modo que permita la plena presencia de Dios y del hombre.[126]

6.2. Fundamentalismo (americano)

Muchos expertos suponen o defienden que la inerrancia y el "fundamentalismo" (es decir, estrecho, antiacadémico, no sofisticado, ingenuo, etc.) van de la mano, y como el fundamentalismo es un movimiento cuyas raíces son americanas, a veces la inerrancia resulta caricaturizada como un fenómeno únicamente americano.[127] Sin embargo, como un simple estudio de la historia de la Iglesia demuestra fácilmente, la inerrancia ha sido creída por la mayoría de los cristianos desde el principio.[128] La mayoría reconocería que la inerrancia fue articulada por Agustín (y antes), y su posición tuvo mucha influencia en las generaciones posteriores hasta la modernidad.[129] Así, la inerrancia no es ni americana ni fundamentalista en su origen (si bien los americanos y los fundamentalistas fuesen los que seguían afirmando la enseñanza, frente a los que no), sino que es la herencia común de toda la Iglesia.

6.3. Hermenéutica

Aunque la doctrina de la inerrancia y la hermenéutica puedan estar muy cerca la una de la otra, no son lo mismo. La inerrancia trata el asunto de la naturaleza de la Biblia con respecto a la verdad mientras que la hermenéutica trata el asunto de los principios y métodos subyacentes que

125 Como ha dicho John Mueller: "Al tratar la doctrina de la inspiración, el asunto no es '¿cómo obtuvieron los escritores santos las verdades que escribieron?' sino '¿movió el Espíritu Santo a los sagrados escritores a escribir ciertas palabras y pensamientos que Dios quería que fueran conocidos por los hombres?'" (*Christian Dogmatics* [St. Louis: Concordia, 1934], 110, citado en Waltke, "Myth," 570). Cf. Filón de Alejandría, *Vida Mois.* 2:188-190 para una explicación de varios modos de inspiración.

126 Algunos han preferido la frase "revelación concursiva", la cual hace de la inspiración una mezcla de proceso como lo es, por ejemplo, la santificación.

127 Por ejemplo, N. T. Wright, *Simply Christian: Why Christianity Makes Sense* (New York: Harper Collins, 2006), 183; Carlos Bovell, "Editor's Preface," en Bovell, *Interdisciplinary Perspectives*, xvii-xxiii, here xxi; Stephen Dawes, "'But Jesus Believed that David Wrote the Psalms...'" en Bovell, *Interdisciplinary Perspectives*, 164-182, aquí 179-180.

128 Ver nota 105 para dos trabajos estándar sobre el tema, y también el apartado 4 de este capítulo.

129 Cf. Agustín, *Ep.* 28; 82.

uno usa para interpretar la Biblia.[130] Dicho de otro modo: la inerrancia está conectada con la ontología mientras que la hermenéutica es conectada con la epistemología. Mucha gente que piensa que está atacando a la inerrancia, en realidad está atacando una hermenéutica que algunos inerrantistas han empleado. Pero la relación entre las dos es solo accidental. Es decir, mucha gente iguala la creencia en la inerrancia a un acercamiento ingenuo, inexperto e inexpresivo a la lectura de la Biblia, que no mira asuntos como la intención del autor, el contexto histórico, la distinción de géneros textuales, etc. Sin embargo, aunque es verdad que la inerrancia fuerza a uno a leer la Biblia genuinamente, no fuerza a nadie a leerla ingenuamente. Este asunto ha sido incluido meramente para señalar que dos personas pueden mantener su creencia en la inerrancia y, al mismo tiempo, interpretar la Biblia de modo diferente.[131]

7. Conclusión

Este trabajo ha tratado de proveer una exposición de la inerrancia actualizada destinada al mundo de habla hispana, tal como quedó establecida en la Conferencia Internacional sobre la Inerrancia Bíblica de hace cuarenta años. Se ha propuesto y defendido el siguiente silogismo: 1) las palabras de Dios son verdad (es decir, inerrante); 2) la Biblia es la palabra de Dios; 3) por tanto, la Biblia es veraz (es decir, inerrante). Se han provisto cuatro cualificaciones importantes, que son que la Biblia es verdad 1) en sus *autógrafos* originales, 2) cuando se interpreta correctamente, 3) cuando se conocen todos los hechos y 4) con distintos grados de claridad y precisión correspondientes a sus propósitos. Finalmente, se ha distinguido la inerrancia de otros asuntos como visiones particulares de la inspiración, el fundamentalismo (americano) y la hermenéutica. Así que esperamos que la inerrancia haya quedado explicada de tal modo que demuestre su lógica y su atractivo. Lejos de estar en "crisis", la inerrancia ha retenido y fortalecido su vitalidad.[132]

Es importante que se mantenga la inerrancia en la Iglesia por cuatro razones, al menos. Primera: porque afecta a cómo entendemos la auto

---

130 Para esta visión de la hermenéutica, cf. Grant Osborne, *The Hermeneutical Spiral: A Comprehensive Introduction to Biblical Interpretation*, ed. rev. (Downers Grove, IL: Inter-Varsity Press, 2006), 21.

131 Para una discusión interesante sobre la relación entre la inerrancia y una hermenéutica fundada en la iglesia, cf. D. G. Hart, "No Creed but the Bible, No Authority Without the Church: American Evangelicals and the Errors of Inerrancy," en Bovell, *Interdisciplinary Perspectives*, 3-27.

132 Para un autor que afirma que a la inerrancia le queda poca vida, cf. Carlos Bovell, 'Inerrancy, a Paradigm in Crisis', en Bovell, *Interdisciplinary Perspectives*, 91-106.

revelación de Dios. ¿Se ha auto revelado Dios? Y si es así, ¿cómo? La inerrancia dice que lo ha hecho, y que lo ha hecho verazmente, sea cual sea el tema del que trate. Segunda, y relacionado con la razón anterior: se hace posible una teología unificada porque al final hay un solo autor, el Espíritu de Dios, tras los varios libros individuales de la Biblia. Sin la inerrancia, tal unificación no queda garantizada. Tercera: provee para la humanidad una verdad objetiva sobre los temas más importantes de la vida, tales como quién es Dios y qué ha hecho en nuestro mundo. Cuarta: la Escritura es la *norma normans non normata* (la norma que norma que no es normada) que funciona para permanecer sobre y contra todo otro reclamo de verdad, y que llama a la Iglesia a volver a la verdad de Dios con respecto al llamado central de la Iglesia.[133] Para abreviar: la inerrancia es importante porque es el buen regalo de Dios a sus hijos, para que podamos conocer lo que él quiere que conozcamos sobre él y su mundo.[134]

Preguntas para reflexionar

¿Qué significa la frase inspiración verbal?

¿Qué significa la frase inspiración plenaria?

¿Cuáles son algunas aclaraciones necesarias que hacer para entender bien la inerrancia?

Argumente sus respuestas.

---

133 Como J. I. Packer deja claro, "Dondequiera que la Biblia no tenga la última palabra en cualquier asunto de creencia o comportamiento, allí es donde está siendo relativizada por la opinión humana" ("Inerrancy," 137).

134 Me gustaría agradecer a Pilar Bargeño por traducir este capítulo.

II

Una exégesis de los textos clásicos de la inspiración

1. Introducción

La Biblia misma pretende ser un libro de origen sobrenatural e inspirado por el Espíritu de Dios. Vamos a examinar dos de los textos clásicos que hablan de este tema.

2. Exégesis de 2 Timoteo 3:14-17

[14] *Pero persiste tú en lo que has aprendido y te persuadiste, sabiendo de quién has aprendido* [15] *y que desde la niñez has sabido las Sagradas Escrituras, las cuales te pueden hacer sabio para la salvación por la fe que es en Cristo Jesús.* [16] *Toda la Escritura es inspirada por Dios y útil para enseñar, para redargüir, para corregir, para instruir en justicia,* [17] *a fin de que el hombre de Dios sea perfecto, enteramente preparado para toda buena obra.*

2.1. Versículo 14

En el contexto (versículo 13) Pablo habla de malos hombres que se caracterizan precisamente por dos cosas: van de mal en peor y son personajes que engañan. Contra estos Pablo construye un contraste. Llama la atención el enfático Σὺ δὲ ("Pero tú") que en original suena con mucha fuerza. Da igual lo que hagan los demás. "Pero tú…".

Contra el engaño, el remedio es la Palabra de Dios. Y en esta verdad hay que "permanecer". Y es importante la preposición que Pablo usa, ἐν (en). Hay que avanzar en la verdad y solamente podemos conseguir esto cuando quedamos donde estamos: "en" o "dentro" la verdad divina. No es lo mismo que estancamiento. Es continuar EN la verdad, no DE la verdad.

El remedio contra este engaño consiste precisamente en las cosas que Timoteo ha aprendido. Por el contexto y por lo que vemos a continuación, nos damos cuenta de que estamos aquí hablando del canon del Antiguo Testamento. Es decir: todo lo que Dios había revelado hasta este momento.

Vemos con claridad los dos eslabones: revelar y aprender. Pero esto aún no es el final del proceso. Timoteo no solamente lo aprendió, sino que había otro elemento: llegó al punto de estar convencido y persuadido de las cosas que aprendió. Llegaron a formar parte de sí mismo. Del conocimiento llegó a la convicción. Y esto es un elemento importante en la formación, en la verdad bíblica y tiene que ocurrir con cada persona que aprende desde niño: es necesario reflexionar sobre las cosas que te enseñaron. Tenemos que llegar al punto de la convicción. También es importante para los que predican y comparten: tienen que estar seguros de lo que predican, no con dudas o vacilaciones.

Es intencionado el contraste con las personas en 2 Timoteo 3:7: siempre estudian, pero nunca aprenden nada.

En el caso de Timoteo, ahora Pablo menciona la solvencia de las personas que le han enseñado desde pequeño bajo estas condiciones (v. 14c). Fueron varios elementos implicados en su formación: su abuela, su madre y, por supuesto, Pablo. Ambas mujeres se mencionan por nombre y esto les confiere un estatus especial. Son la abuela Loida y su madre Eunice (2Ti 1:5). Es la única vez que se menciona una abuela explícitamente en la Biblia.

En esto se refleja la tradición judía donde eran precisamente las madres aquellas personas que se ocupaban de la educación de los niños. Este estudio en el contexto judío empieza a los cinco años. Era la base de la educación de Timoteo. Y en completa consonancia con la hermenéutica de Jesucristo expuesta en Lucas 24, sirve como base del conocimiento del verdadero evangelio. El Antiguo Testamento de ninguna manera está reñido con el Nuevo Testamento.

Otro ejemplo interesante en este contexto es Moisés. Cuando llega a la hija del faraón, sabe perfectamente quién es y lo que cree. Porque la hija del faraón no se lo enseñó. Fue su madre. El texto insiste que lo aprende desde la niñez. Es decir, desde que era un niño de pecho. Los niños hebreos eran destetados a la edad de tres o incluso cuatro años (1Sa 1:22-24).

2.2. Versículo 15

El efecto del aprendizaje de la Escritura lo vemos en el versículo 15. Es la única vez en el Nuevo Testamento que sale la expresión [τὰ] ἱερὰ γράμματα (Sagradas Escrituras) que se refiere a las mismas letras. Es la gran diferencia entre la Biblia y todos los demás libros. Este libro no es como todos los demás. Tanto para Pablo como para los demás apóstoles queda claro que en la Biblia cada letra es importante. Esta era la clara enseñanza que todos ellos recibieron de parte de Jesucristo quien, a su vez, con todos los enfrentamientos que había tenido con los escribas y fariseos, nunca les había criticado por esto. Todo lo contrario (Mt 5:18; Jn 10:35).

A continuación, la exposición de Pablo se lee como una teología sistemática en miniatura donde la secuencia lógica es evidente. Este aprendizaje de las Escrituras tiene un efecto: "pueden hacerlo sabio para la salvación". Es decir: preparan el camino para la salvación y nos llevan a reconocer la necesidad de un Salvador. Es la función del Antiguo Testamento que Pablo resume en Gálatas 3:24 en una palabra: παιδαγωγός (ayo). El hombre natural no entiende nada de la voluntad de Dios. Es la Palabra de Dios la que tiene este efecto.

Sin embargo, Pablo constata que esto es solamente la primera parte y no es algo automático: τὰ δυνάμενά (pueden), lo cual expresa "tienen el poder" para σοφίσαι (hacer sabio). El Antiguo Testamento ya contiene esa verdad, pero en el Nuevo Testamento se desarrolla plenamente (Jn 5:37-39).

Y la Escritura del Antiguo Testamento (porque en ese contexto hablamos sin lugar a dudas del canon hebreo) nos encamina hacia la salvación por medio de la fe, en Aquél quien la Escritura revela y lo que revela, Jesucristo. Es decir: el Mesías es la meta y el objetivo de la Escritura. Sin la Escritura no sabemos nada de Él y Él queda nebuloso sin la Escritura. Es muy importante que no se puede separar a Jesucristo de esta Escritura y es un error que comete sobre todo el segmento racionalista (o si se quiere: liberal) del protestantismo.

Los creyentes del Antiguo Testamento no entendieron todos los detalles (1Pe 1:10-12; Jn 8:56; Heb 11:26), y esto incluye a Abraham y Moisés, y sin embargo anhelaron conocer al Mesías y la redención completa. Con esto podemos llegar a una conclusión fundamental: las Escrituras son suficientes para llevarnos a la salvación.

Y antes de llegar al versículo 16 podemos resumir estos dos versículos de la siguiente forma: la tarea de un maestro —de esto se trata en el caso de Timoteo— no es reconocer procesos evolutivos o incorporar las nuevas ideas del mundo que nos rodea, sino la idea de la revelación divina en la cual hay que quedar: en Jesucristo y en su Palabra.

2.3. Versículo 16

La palabra πᾶσα (toda) tiene que significar necesariamente todas aquellas Escrituras que en el momento de la redacción de la carta fueron consideradas Escritura. No cabe duda de que esto coincide con el canon hebreo, el Antiguo Testamento como nosotros lo conocemos hoy día. Ya Jesucristo mismo en Lucas 24:27 y 44 usa las expresiones técnicas que hablan de la extensión del canon y que coincide exactamente con lo que se está usando desde la Reforma en las iglesias protestantes.

La expresión, además, puede usarse en un sentido colectivo y también distributivo. La pregunta por lo tanto surge: ¿cómo la usó Pablo? ¿qué es lo que el contexto y la gramática exige?

En el contexto inmediato del versículo 15, la palabra γραφὴ (escritura) se equipara con las "Sagradas Escrituras". Por lo tanto, Pablo aquí se refiere en un sentido colectivo a las Escrituras, lo cual quiere decir: a todo lo que se entiende como revelación divina.

Otra cosa que nos llama la atención es que la frase no tiene verbo. Por lo tanto, teóricamente se podría traducir de forma diferente como: "Toda Escritura inspirada por Dios es (también) útil".

Sin embargo, tenemos que constatar que este sentido no es de estilo paulino tomando en cuenta la construcción gramatical. Se puede constatar esto con una comparación con 1 Timoteo 4:4, donde tenemos la misma construcción del mismo autor. Algunos expositores que no subscriben el concepto de la inspiración plenaria (es decir: de toda la Biblia), prefieren esta traducción porque aparentemente hace una distinción entre partes de la Biblia que son inspiradas y otras partes que no lo son. Pero hay que constatar que esta interpretación y traducción no son convincentes porque precisamente el contexto del versículo 15 equipara claramente las "Escrituras Sagradas" con la "Escritura". También cabe decir que el judaísmo del primer siglo desconocía completamente esta distinción y Pablo —educado en el judaísmo— jamás la hubiera adoptado.

El término γραφὴ (Escritura) significa literalmente "lo escrito" o "la Escritura" y se refiere a todo lo que los judíos del primer siglo consideraron como revelación divina recogida en el canon de lo que para nosotros es el Antiguo Testamento. Este uso de la palabra está bien atestiguado en los escritos de Filón de Alejandría, Flavio Josefo y del Nuevo Testamento en su conjunto.

Por supuesto es cierto que, en el contexto del versículo, Pablo habla de la inspiración del canon hebreo que corresponde a nuestro Antiguo Testamento. El Nuevo Testamento, como es evidente, aún no existía como una entidad oficialmente cerrada, aunque sin lugar a dudas, 2 Timoteo sería una de las últimas epístolas escritas del Nuevo Testamento. Hay muchas referencias que apuntan en esta dirección y queremos mencionar solamente algunas como Gálatas 3:8, 16, 22; Hechos 1:16; 4:25; 13:32-35; Hebreos 3:7 y 10:15.

Es interesante el énfasis que cae en esta palabra. No solamente se refiere a la extensión del canon, sino también al hecho de que la estructura del Antiguo Testamento es cristocéntrica. Pero no solamente en el sentido como lo entiende la teología racionalista que, por su planteamiento, deja fuera automáticamente una buena parte del Antiguo Testamento porque supuestamente no está escrito en el mismo espíritu del Nuevo Testamento. También las genealogías, la conquista de Canaán, los juicios contra los enemigos de los israelitas, entran en este enfoque cristocéntrico. Es exactamente en este sentido donde vemos hasta qué punto el liberalismo teológico se ha formado un ídolo, llamado Jesús de Nazaret, que poco tiene que ver con el personaje que nos presentan, no solamente los evangelios, sino también los profetas del Antiguo Testamento.

El todo del versículo 16 también tiene una doble consecuencia práctica: significa que no solamente es posible, sino además necesario por un lado predicar sobre cualquier texto bíblico, hasta sobre las genealogías y los libros de Levítico y Cantar de los Cantares. Y, por otro lado, se impone la predicación expositiva como consecuencia lógica de la fe en la inspiración de toda la Biblia.

La palabra "Escritura", además, pone énfasis sobre el hecho de que es el resultado de un proceso único y específico, que se llama inspiración. La inspiración se refiere indudablemente a toda la Escritura y no solamente a una parte. Esto hace añicos a las pretensiones del liberalismo teológico de buscar un canon dentro del canon, o esas partes que son de verdad Palabra de Dios mientras que el resto simplemente son mitos, opiniones y experiencias. Este es el gran problema de esta escuela teológica racionalista: según este versículo no cabe esta diferenciación, porque no dice el texto: "parte de la Escritura" o "algunas Escrituras". Es el "todo" o "nada" que hace la postura liberal insostenible. El versículo 16 solo nos deja la opción de entender toda la Escritura como inspirada por Dios o nada de ello.

Y dicho sea de paso: por supuesto esto no excluye que Dios usaba las personalidades e idiosincrasias de cada escritor bíblico. Nadie pretende decir que Dios anulaba la mente de los autores, nadie habla de escritura automática al estilo espiritista, nadie pretende que la Biblia cayó del cielo.

Esto nos lleva al término central del pasaje, la palabra "inspirada". El término en el griego es θεόπνευστος que literalmente se puede traducir como "soplada por Dios". Detrás de la redacción de las Sagradas Escrituras está la iniciativa y la vigilancia de Dios. Esto coincide con lo que Pedro nos dice en su segunda carta.[135] Y además implica la inerrancia y la infalibilidad de la Palabra de Dios. Es inconcebible que Dios inspire algo equivocado. La insistencia del liberalismo teológico para hacer una diferenciación entre lo espiritual o lo soteriológico —que sería auténtico e infalible— y otras afirmaciones de índole científica o histórica, por ejemplo, es

---

135 2Pe 1:19-21.

una construcción que tanto exegéticamente como lógicamente es imposible de mantener. Vamos a entrar un poco en los detalles de esta expresión.

2.4. El hecho de la inspiración

La palabra "inspirar" y sus derivados viene originalmente del latín y de allí llegó finalmente a formar parte del castellano. Leemos en la wikipedia:

> La palabra "inspiración" viene del latín inspiratio y del verbo inspirare. Inspirare está compuesto por el prefijo "in" en español "en" y el verbo spirare (soplar). Inspirare significa "soplar en" o "respirar". Ya en la época clásica del Imperio Romano "inspirare" recibió la connotación "respirar profundamente" y en sentido figurado "insinuar algo en el corazón de alguien".[136]

El sentido específicamente teológico de la palabra "inspirar" viene del latín y su uso teológico a lo largo de los siglos. La palabra en latín —y por ende en castellano— infelizmente pierde la exactitud y expresión que el término griego nos facilita. Entre otras cosas, falta la referencia a Dios que tenemos en la expresión griega θεόπνευστος.

Para una reflexión más profunda sobre este tema se recomienda el artículo de B. B. Warfield.[137] Los libros bíblicos son considerados "inspirados" precisamente porque son producto de la actividad de la tercera persona de la Trinidad que es el Espíritu Santo. La palabra implica en el griego original que el producto de esta actividad divina va más allá del poder humano y lleva por ende, automáticamente, el sello de la autoridad divina.

"Inspiración" se define en este sentido como influencia sobrenatural sobre los autores bíblicos de parte del Espíritu de Dios. Y esto implica automáticamente la fiabilidad de sus escritos.[138]

El vocablo *theopneustos* es un *hapax legomenon*, es decir: se encuentra solamente una vez en el Nuevo Testamento. Incluso en el idioma griego es una expresión que se ha usado pocas veces y es de origen tardío. Esto también significa que había varias formas de entender este término a lo largo de los siglos. Solo quiero mencionar los más importantes. Algunos entienden que se trata de una referencia:

- al efecto que las Escrituras tienen en los que los leen o escuchan. Es decir: tienen un efecto "inspirador".

---

136 https://es.wikipedia.org/wiki/Inspiraci%C3%B3n_(teolog%C3%ADa)

137 Particularmente me refiero a lo escrito por Warfield en Orr, *ISBE*, 3:1453. Disponible online: https://www.blueletterbible.org/search/Dictionary/viewTopic.cfm?topic=IT0004618

138 *Ibid.*

- a la calidad del texto. Es decir: Dios puso en las palabras su Espíritu Santo.

En cuanto a la primera postura, sinceramente no hay que elaborar una defensa muy explícita porque simplemente carece por completo de cualquier apoyo en el propio texto.

La segunda postura es la que comúnmente encontramos entre los teólogos evangélicos más conservadores. Pero es muy interesante que B. B. Warfield va más allá de esto y argumenta completamente aparte de lo que la palabra "inspirar" puede sugerir. Y razón no le falta a Warfield porque ya nos hemos dado cuenta que el término griego realmente no tiene mucho que ver —por lo menos etimológicamente— con la traducción al latín que ha facilitado la formación de una palabra que se usa de una u otra manera en la mayoría de los idiomas modernos.

Warfield argumenta de la siguiente manera:[139] el término griego θεόπνευστος no conlleva la idea de "inspiración" por parte de Dios. Como ya vimos, el uso de este término se debe más bien a la traducción al latín. Sin embargo, la idea detrás de la expresión griega no tiene nada que ver con "in–spiración" sino, ya que queremos traducirlo lo más literal y adecuado posible, con "spiración". Lo que la palabra θεόπνευστος dice de la Escritura no es que es "soplada hacia dentro por Dios" o que es el producto "de un soplo divino" en los autores humanos, sino más bien lo contrario: que es exhalación ("spiración") de parte de Dios.

Lo que esto quiere decir es simplemente que las Escrituras son un producto divino, sin ningún tipo de indicio de cómo o de qué manera Dios ha operado en su producción. No se podría haber escogido otro término que pusiera un énfasis más fuerte sobre el origen divino, la producción divina de la Escritura que la palabra θεόπνευστος.

El "aliento de Dios" en la Escritura es símbolo de su poder ilimitado. Dicho aliento lleva y sostiene su Palabra creativa. En el Salmo 33:6 leemos:

Por la palabra del Señor fueron hechos los cielos, y todo el ejército de ellos por el aliento de su boca.

El aliento de Dios es la emanación de su poder divino. Cuando Pablo dice, entonces, que "cada Escritura" es un producto del aliento divino —θεόπνευστος— dice, con todo el énfasis del mundo, que la Escritura es una operación completamente divina.[140]

Precisamente porque la palabra θεόπνευστος es un *hapax legomenon* uno se ve forzado a recurrir al significado de la etimología para poder

---

139 *Ibid*, 3:1474.
140 *Ibid*.

entenderla mejor: se trata de una combinación de dos raíces y de un sufijo: θεός — πνέω — το.

La etimología nos lleva a constatar que el agente activo es Dios. El primer elemento θεός habla de Dios. El segundo elemento πνέω habla de "espíritu" o de "soplar" y el sufijo τος convierte el adjetivo formado en la voz pasiva. En el idioma griego ocurre que, cuando un adjetivo con el sufijo τος aparece en una frase transitiva, el primer elemento se convierte en su sujeto, el segundo en el verbo y el sustantivo modificado por el adjetivo se convierte en el objeto directo.

Por ejemplo: la palabra θεοδίδακτος (enseñado por Dios) en 1 Tesalonicenses 4:9 se puede dividir en θεός (Dios) – διδάσκω (enseñar) –τος (sufijo gramatical que convierte el adjetivo en la voz pasiva). Si convertimos el primer elemento en sujeto, el segundo en verbo y el substantivo modificado por el adjetivo en objeto directo se consigue la frase: "enseñado por Dios". Si hacemos lo mismo con la expresión θεόπνευστος se forma la frase: "Dios sopla la Escritura" o "Dios sopla en la Escritura".

De esta manera vemos que la idea de que toda la Escritura es soplada por Dios está en consonancia con la etimología y también con la manera como esta afirmación se ha entendido desde el principio.

Es de suponer que para una persona que fue educada en el Antiguo Testamento, como era el caso de Timoteo, esa nueva palabra θεόπνευστος le habría traído a la memoria el episodio del segundo capítulo de Génesis donde Dios, soplando en la nariz de una figura moldeada de la tierra, la llena de vida. No cabe duda de que Adán fue θεόπνευστος. Y por esa analogía, Timoteo habría captado enseguida que exactamente lo mismo pasó con la Biblia, no únicamente en cuanto a su vitalidad, sino también en cuanto al agente que le creó.

Si Timoteo entendió la inspiración de la Escritura de esta manera, también lo habrá entendido así el autor de Hebreos que dice que la Palabra de Dios es ζῶν (viva). El paralelismo es significativo y sorprende que tan pocas veces sea mencionado. Porque exactamente como nuestro texto aquí es una frase equitativa con la Biblia como sujeto, una cópula eludida y un par de adjetivos predicativos, de los cuales uno habla de la calidad inspirada de la Biblia y la otra de su propósito enfatizado. Lo mismo vemos en Hebreos 4:12: "*Porque la palabra de Dios es viva y eficaz*".

Ahora, ¿cuál es el propósito de la revelación e inspiración divina de la Escritura? Nos dice la segunda parte del versículo que es "*…útil para enseñar, para redargüir, para corregir, para instruir en justicia*".

Se menciona aquí un cuádruple uso:

En primer lugar, para enseñar. El término griego es διδασκαλία y se refiere en primera instancia a una exposición del texto con el fin de aprender.

Por supuesto es cierto que no todo lo que es verdad tiene que estar contenido en la Biblia. Pero todo lo que contiene es la verdad. Y la Biblia contiene revelación de parte de Dios. Es decir: las cosas que tenemos que saber y que nos ayudan para los propósitos divinos nos han sido reveladas.[141]

En segundo lugar, nos sirve la Escritura para redargüir. Estamos hablando aquí, no de una exposición positiva de lo que hay, sino de una refutación de ideas equivocadas. Esto implica el término griego ἐλεγμός. Lo vemos sobre todo en los pasajes donde el término se usa en su forma verbal, como por ejemplo en Lucas 3:19 y Juan 3:20. En nuestra terminología este uso se acerca a lo que llamamos "crítica". Estamos hablando, por lo tanto, de poner de manifiesto lo que está equivocado, con la idea de que los equivocados sean convencidos de su error.

Y esto nos lleva directamente y en tercer lugar a la corrección (ἐπανόρθωσις). El término habla de una recuperación de algo que se ha perdido, incluso en la literatura griega clásica de una recuperación de la salud después de haber sufrido una enfermedad.[142] Es decir: uno de los efectos de la Palabra inspirada de Dios es encaminarnos de nuevo en nuestra doctrina y ética después de habernos equivocado.

Y la secuencia lógica de Pablo en cuanto al uso de la Escritura sigue: después de exponer objetivamente lo que tenemos que saber de Dios y del evangelio, después de criticar y revelar los errores, después de encaminarnos de nuevo en la dirección correcta, en cuarto lugar, nos sirve la Escritura para la instrucción en justicia: πρὸς παιδείαν τὴν ἐν δικαιοσύνῃ. Nos habla literalmente de un entrenamiento. Es como si la Escritura fuera nuestro entrenador que nos ejercita ahora a aprender otro modo de vida, como un educador que ahora nos ayuda a volver a aprender a andar de forma adecuada. En otras palabras: el cuarto uso de la Escritura se refiere al aprendizaje de vivir la vida cristiana como Dios lo quiere.

Las consecuencias de la aplicación de la Palabra de Dios, por lo tanto, no se dejan esperar. Y nos damos cuenta aquí que, no solamente hablamos de una doctrina teórica, sino de la vinculación directa entre la ortodoxia y la ortopraxia: no solamente creer y afirmar lo correcto, sino que el propósito de la Escritura es llevarnos directamente a una vida según la voluntad de Dios. Pablo habla en este contexto de "perfección", que no significa otra cosa que "madurez" y preparación completa para cualquier buena obra.

La exposición del significado de estos versículos nos es muy complicada. Más difícil es la aplicación. ¿Qué significa todo esto? La Biblia es la base

---

141 Cf. Dt 29:29.

142 Véase en este sentido W. Bauer, *Wörterbuch zum Neuen Testament* (München, 1958), 560.

de la verdad divina. Ella fue dada para abrirnos los ojos, para educarnos y para fortalecer nuestra fe.

¿Cuál es nuestra actitud frente a la Palabra de Dios? El conocimiento de que la Biblia es un libro inspirado por Dios implica unas obligaciones bien definidas. Nuestro concepto de la autoridad de la Biblia determina nuestra actitud y las medidas de nuestra responsabilidad.

3. Exégesis de 2 Pedro 1:19-21

[19] *Tenemos también la palabra profética más segura, a la cual hacéis bien en estar atentos como a una antorcha que alumbra en lugar oscuro, hasta que el día esclarezca y el lucero de la mañana salga en vuestros corazones;* [20] *entendiendo primero esto, que ninguna profecía de la Escritura es de interpretación privada,* [21] *porque nunca la profecía fue traída por voluntad humana, sino que los santos hombres de Dios hablaron siendo inspirados por el Espíritu Santo.*

3.1. Versículo 19

"Tenemos también", en griego καὶ ἔχομεν, significa tener o poseer algo, y el tiempo presente indica que, además, estamos hablando de una posesión continua y duradera de todos los creyentes. En este versículo es muy importante tomar en cuenta el orden de las palabras en el original griego. Literalmente leemos *"y tenemos más firme la palabra profética"*.

Pedro en realidad pone la Escritura por encima de la experiencia y no al revés, como algunos creen ver en el texto.

La palabra profética (la Escritura Sagrada) es más completa, más permanente y tiene más autoridad que las experiencias de nadie, incluyendo el episodio de la transfiguración a la cual alude Pedro en este pasaje. La Palabra de Dios es una verificación más fiable de las enseñanzas de la persona, los hechos y las enseñanzas de Jesucristo, incluso por encima de las experiencias personales de los apóstoles mismos. Esto nos convierte en personas privilegiadas al tener la revelación divina en su Palabra.

Dicho esto, nos quedan dos posibles formas de interpretar este versículo:

1. Tenemos la palabra profética hecha más segura. Es decir: estamos mejor documentados que antes en cuanto a la palabra profética por causa de su voz.

2. Tenemos la palabra profética como confirmación más segura de la verdad divina que lo que hemos visto. Es decir: el testimonio del Antiguo Testamento es más convincente que incluso la voz que se ha escuchado en el monte de la transfiguración.

Tomando en cuenta el contexto de todo el capítulo, me parece bastante más convincente la segunda opción. Si continuamos leyendo, nos damos cuenta de que Pedro sigue hablando de lo que convierte las Escrituras del Antiguo Testamento en algo particularmente fiable, sobre todo su inspiración divina, que enfatiza el origen certero y fiable de la palabra profética. En resumidas cuentas: aun con todo lo válido e importante que fuera la experiencia de Pedro, la Palabra escrita de Dios es todavía más segura.

La expresión βεβαιότερον τὸν προφητικὸν λόγον (palabra profética más segura) no contiene una expresión en el sentido de "hecha más segura". La palabra profética no se convierte en tal, sino que ya lo es.

Es muy importante constatar que, en este contexto, la expresión "palabra profética" no se refiere únicamente a lo que comúnmente se define como "profetas mayores" o "profetas menores" en el canon del Antiguo Testamento. En el entendimiento judío —y Pedro escribe por supuesto desde este contexto— todos y cada uno de los libros del Antiguo Testamento fueron escritos por un profeta, a veces por varios. Ellos hablaron o escribieron la Palabra revelada por Dios y esto, automáticamente, les convirtió en profetas, aunque no se llamaran así (por ejemplo, en el caso de Josué).

Pero, volviendo brevemente a la expresión βέβαιος, saliendo de su significado básico como "fijado", "seguro" o "certero", en el contexto adquiere el significado de "sabido" o "comprobado de ser verídico", es decir, que se trata de algo que es fiable.

Y hay otra curiosidad: βέβαιος tiene un uso en el mundo comercial que vierte aún más luz sobre su significado en este contexto: muchas veces se refiere a un documento que garantiza una transacción comercial legalmente.

Partiendo de esta idea que el contexto da a la expresión, podríamos traducir la frase así: "Tenemos la Palabra profética como fundamento (aún) más seguro", y se entiende que eso implica: más seguro que incluso las señales y milagros que hemos visto. Es como decir: creemos que esto es el sentido de la afirmación de Pedro y el resultado es algo distinto de los que leemos en muchas traducciones de la Biblia. Pedro habla, por lo tanto, de una segunda línea de evidencia. Por un lado, tenemos las experiencias de los milagros de los cuales Pedro y otros han sido testigos y, por otro lado, la Palabra de Dios, revelada a través de los profetas.

El texto sigue: ᾧ καλῶς ποιεῖτε προσέχοντες (a la cual hacéis bien en estar atentos). "Hacer bien" es una expresión muy común que sugiere a alguien hacer algo en el sentido de "deberías hacerlo". Esto convierte la afirmación de Pedro en sugerencia: que la actitud apropiada de un creyente en cuanto a esta palabra profética, implica un estudio continuo y cuidadoso de la Escritura como mecanismo de seguridad contra los errores de los maestros falsos mencionados en el capítulo dos.

"Estar atentos" o "prestar atención" implica una concentración específica del oído o de la mente hacia algo que se lee o se escucha. En la literatura extrabíblica el significado primario de προσέχω era "tener en la proximidad" e implicaba muchas veces un estado de atención o de alerta. También se usaba en la navegación marítima y se refería a la maniobra de mantener un barco dirigiéndose en cierta dirección. Pedro, siendo marinero y pescador, estaba seguramente familiarizado con este término, que se usaba para mantener el rumbo en una dirección específica. Fijándose en la luz de un faro distante en una noche tempestuosa, es la idea que conlleva este término. Pedro está avisando a los creyentes que, ante el peligro de convertirse en víctimas de los falsos maestros, deberían prestar cuidadosamente atención a las Escrituras de la misma manera en que el capitán de un barco no deja de fijarse en la luz que emite el faro.

Pedro, además, enfatiza que sus lectores hacen bien (también en el griego es un presente que, por lo tanto, habla más que una atención puntual de una costumbre, un estilo de vida) en mantener delante de sus ojos la Palabra de la verdad activa y viva.

La frase ὡς λύχνῳ φαίνοντι (antorcha que alumbra) se refiere literalmente a una luz movible, como una lámpara que se alimenta del aceite y no de una vela. En aquel tiempo, la lámpara de aceite se ponía en un lugar alto en la casa. Un buen número de los usos de λύχνος (como en este versículo) es figurativo o metafórico.

Incluso en el Nuevo Testamento tenemos este uso en muchos sitios, como por ejemplo: Mateo 5:15; Marcos 4:21; Lucas 11:36; Lucas 12:35 y Apocalipsis 22:5. La "antorcha" como traduce la RV 1960 era una lámpara de aceite, parecida a un cuenco abierto. La palabra λύχνος se usa en la LXX también del candelabro de siete brazos. En total aparece 27 veces en la LXX.[143]

Esta palabra profética es aún más segura y es capaz de darnos entendimiento espiritual. Esto se expresa en la palabra φαίνω cuyo significado principal es "iluminar", "dar luz" y "brillar" como cuerpo luminoso. La lámpara del Antiguo Testamento aún está vertiendo su luz esclarecedora.

La frase ἐν αὐχμηρῷ τόπῳ (en un lugar oscuro) puede referirse a un sitio pequeño o muy extenso. Pedro usa la expresión para hablar de la oscuridad impenetrable del mundo caído bajo el poder del pecado. En este mundo de oscuridad y de desconocimiento penetra la revelación divina como una luz que de repente nos pone en condiciones de ver lo que antes no se veía.

---

143 Éx 25:37; 27:20; 30:7s; 37:20, 23; 39:37; 40:4, 25; Lv 24:2, 4; Nm 4:9; 8:2s; 1Sa 3:3; 2Sa 21:17; 22:29; 1Re 7:49; 2Re 8:19; 1Cr 28:15; 2Cr 4:20s; 13:11; 21:7; 29:7; Job 18:6; 21:17; 29:3; Sal 18:28; 119:105; 132:17; Ec 6:23; 31:18; Jer 25:10; Da 5:1; Sof 1:12; Zac 4:2.

La oscuridad que se expresa con la palabra αὐχμηρός habla de una oscuridad particularmente intensa que puede haber sido causada por una niebla densa o por humo. Pero la expresión no solamente habla de oscuridad, sino también de miseria y suciedad, muchas veces por causa de negligencia y falta de atención. Esas cosas sucias y oscuras carecen completamente de luz y, por lo tanto, la luz que viene de la lámpara profética a la vez pone de manifiesto la intensidad de la oscuridad del mundo.

Hay referencias de esta palabra a un sótano oscuro o incluso a un terreno fangoso. Es difícil escaparse del contraste que la historia de la humanidad empezó en un jardín, en un paraíso y, ahora el mundo, más bien parece a un barrizal oscuro. Desde luego, Pedro no percibía este mundo como un paraíso o un jardín de Edén y tampoco deberíamos hacerlo nosotros. Más todavía: el mundo presente quedará en oscuridad a menos que la luz del evangelio lo penetre y lo ilumine.

Llama la atención que Pedro no identifica específicamente este lugar oscuro y a lo largo de los años los comentaristas han sugerido diferentes soluciones. Sin querer en detalles, podemos resumir que parece lo más natural y lógico verlo como el mundo actual tal y como existe.

De esta luz parcial que alumbra la oscuridad vamos poco a poco a la espera del nuevo día con la luz espectacular que traerá: ἕως οὗ ἡμέρα διαυγάσῃ (hasta que el día esclarezca). La palabra διαυγάζω significa literalmente "brillar a través de algo". El acontecimiento al cual Pedro se refiere es el día de gloria cuando Cristo ya reinará. La imagen es evidente: es una salida de sol cuando la luz del nuevo día finalmente rompe a través de las nubes y la oscuridad tiene que retroceder. Todo lo que hasta este momento nos ha servido como lámpara en la oscuridad, cederá paso a la realidad de la presencia divina inmediata. En otras palabras: las verdades reveladas en la Biblia nos seguirán indicando y apuntando hacia Cristo hasta que él vuelva.

Es curioso en este contexto de la segunda venida de Cristo lo que Apocalipsis 19:13 nos recuerda cuando habla de Cristo que vuelve: *"y su nombre es: EL VERBO DE DIOS"*.

Y aunque la Palabra de Dios permanece para siempre, no es menos verdad que una vez que está Cristo tenemos un acceso inmediato al Verbo encarnado de Dios.

La última parte del versículo 19 es dedicado a otra metáfora muy ilustrativa: καὶ φωσφόρος ἀνατείλῃ ἐν ταῖς καρδίαις ὑμῶν (y el lucero de la mañana salga en vuestros corazones).

Este "lucero de la mañana" es una referencia al planeta Venus que en el idioma hebreo se llama נֹגַהּ (nógah) que significa precisamente esto: el que da luz. Aparte del sol y la luna es el más brillante fenómeno estelar del cielo y, por las características de su proximidad al sol, sale por la mañana un poco antes de la salida del mismo. Es por decirlo así: un mensajero de la inminente salida del sol.

La palabra en griego significa literalmente "el que lleva la luz" y ha sido traducido como "Lucífero" por ejemplo en la Vulgata. Pero nunca en la Biblia es asignado este planeta al diablo que en hebreo es llamado "lucero". En Isaías 14:12 la expresión es הֵילֵל (helel) en hebreo que la LXX traduce como ὁ ἑωσφόρος. En otras palabras: no hay ninguna referencia aquí a Satanás, sino una referencia al Mesías y al planeta que le representa que es el planeta Venus, nógah en hebreo. Por lo tanto, es evidente que aquí tenemos una referencia a la segunda venida de Cristo.

El verbo ἀνατέλλω habla de la salida de una estrella por el horizonte en el este. La misma palabra aparece, por ejemplo, en Mateo 2:2 donde se usa el substantivo ἀνατολή que habla de su salida —y no del "este"— como algunas traducciones dan a entender.

La palabra καρδία, corazones, no se refiere en un sentido literal al órgano físico en la inmensa mayoría de los casos, sino que describe la sede de los deseos, sentimientos, afectos y pasiones. Hoy día tal vez hablaríamos de la constitución psicológica de una persona, sobre todo de su vida interior. El corazón es el centro de la actividad intelectual en el pensamiento hebreo.

La verdad expresada en este pasaje de la segunda venida de Cristo tiene que llegar a ser una realidad en el pensamiento de los cristianos, de la misma manera como la estrella de la mañana nos asegura que el sol va a salir. Si un creyente toma en cuenta que Cristo volverá y lo considera una seguridad absoluta, observará también las señales que indican esta venida y el establecimiento del Reino de Dios en la tierra.

3.2. Versículo 20

Esto nos lleva ahora a uno de los versículos más importantes del origen divino de la Escritura. En la RV 1960 leemos: "Entendiendo primero esto, que ninguna profecía de la Escritura es de particular interpretación".

El pronombre demostrativo τοῦτο (esto) no se refiere a lo que Pedro acaba de decir, sino a lo que sigue. La forma como se colocó juntamente con la palabra τοῦτο (primero) le da un énfasis especial, como si Pedro quería ya resumir la importancia de la palabra profética, llegando a este punto culminante. En otras palabras: lo que Pedro está a punto de decir es una importancia especial y tiene una prioridad en importancia ante cualquier otra cosa.

El verbo γινώσκω (entender) habla de un acto de adquisición de conocimiento por experiencia y no de forma intuitiva. Pero este conocimiento va más allá de lo que simplemente es la constatación de unos hechos. Habla de la aplicación de lo que se sabe de una forma práctica. En el contexto bíblico nos damos cuenta de que la revelación que nos viene de parte de Dios se confirma en su veracidad en el momento de practicarla. Jesucristo lo expresó en este sentido en Juan 7:17: *"El que quiera hacer la voluntad de Dios, conocerá si la doctrina es de Dios, o si yo hablo por mi propia cuenta"*.

Existe una conexión entre "hacer" y "saber". Cuando la verdad de la revelación bíblica llega a formar parte experimental de mi pensamiento, entonces el resultado se llama γνῶσις (conocimiento) y el proceso γινώσκω. El problema es que muchas veces se prefiere ir directamente al producto final sin pasar por el proceso.

Ahora surge la pregunta: ¿qué es exactamente esto que tenemos que saber para no equivocarnos? La respuesta: "que ninguna profecía de la Escritura es de particular interpretación" o como lo traduce la Biblia de las Américas: "es asunto de interpretación personal". La frase en el original es bastante interesante porque tiene como cópula el verbo γίνεται (es). Si la expresión se refiere simplemente a una afirmación sin más, se podía haber usado el verbo εἰμί ,(ser) o incluso haber prescindido del verbo completamente, ya que estrictamente hablado, no sería necesario en este caso. Sin embargo, Pedro se sirve del verbo γίνομαι que es mucho más dinámico, ya que conlleva la idea de "llegar a ser" o "llegar a existir".

Pedro se refiere al proceso de la inspiración y enfatiza que absolutamente ninguna parte de la Escritura llegó a existir como fruto de ideas o pensamientos propios de sus autores respectivos. Y esto es precisamente lo que había ocurrido con las profecías y escritos de los falsos maestros. En otras palabras: ningún escritor bíblico se sentó en algún momento con la idea de añadir algo a la revelación divina.

Tenemos que prestar atención especial a la palabra ἐπίλυσις que la RV1960 traduce como "interpretación". Es fácil malentender esta traducción porque normalmente el término "interpretación" se refiere a la forma como alguien entiende cierto pasaje bíblico. Sin embargo, Pedro no se refiere a la interpretación de la Escritura, sino a su origen. Esto descarta, por ejemplo, el entendimiento completamente equivocado de la Iglesia católica romana que solo la Iglesia tiene el derecho de interpretar la Escritura y que una persona individual no debería sacar conclusiones doctrinales.

Tampoco es pertinente la interpretación —más bien del campo evangélico conservador— que ninguna parte de la Escritura se debería entender aparte de otras referencias al mismo tema. Aunque el principio como tal es válido y recomendable, no es precisamente lo que esta expresión quiere decir. Pedro no habla de la interpretación de la Palabra de Dios, sino de su origen y su fiabilidad. El tema de la interpretación lo tratará en su carta más tarde (ver 3:16). En el contexto, aquí el argumento de Pedro es que el testimonio profético de la Escritura viene de parte de Dios. La idea es que la Escritura y su significado —porque de esto se trata— vienen de parte de Dios y no de los escritores humanos. La afirmación en este versículo se dirige —por lo menos en parte— contra los maestros falsos que estaban retorciendo el significado de las epístolas de Pablo como el de las demás Escrituras como dice en 3:16.

Por lo tanto, una traducción más en consonancia con el contexto y el sentido de las palabras sería: "Ninguna profecía de la Escritura viene de iniciativa propia". Es decir: aquí no estamos hablando de interpretación, sino del origen. Los autores del Antiguo Testamento no "desempaquetaron" lo que les vino de parte de Dios. Y precisamente esta interpretación va en consonancia con el siguiente versículo que, sin lugar a duda, establece el significado de lo que tenemos en el versículo 20. De todas formas, el énfasis está sobre la soberanía de Dios en el proceso de formación de la Escritura y, por supuesto, esto implica que también a la hora de entender lo escrito dependemos de la iluminación divina, que es obra de Dios, el Espíritu Santo.

Las Escrituras no son los registros de una opinión privada e individual, sino la de quien es la Verdad.

Y esta verdad se manifiesta en un fenómeno que se llama προφητεία (profecía). La palabra no significa ni en el Antiguo Testamento ni en el Nuevo Testamento en primer lugar una predicción del futuro, más bien es la idea aquella de proferir o proclamar lo que viene de parte de Dios.

De ahí viene la idea que profetizar es la declaración de los propósitos de Dios, o bien para la exhortación o reprobación de los impíos o para la consolación y animación de los creyentes. Como elemento adicional incluye la expresión, la revelación de cosas que hasta el momento han sido ocultas y, en menor grado, la revelación de acontecimientos futuros.

En el caso concreto de este versículo la palabra προφητεία no se usa en el sentido de predecir acontecimientos, sino se refiere más bien a su significado más general de la proclamación de un mensaje, y Pedro se refiere precisamente a las Escrituras del Antiguo Testamento.

Los judíos consideraron todo el Antiguo Testamento como profecía, escrito por profetas. Lo que ellos proclamaron no tiene su origen en ἰδίας ἐπιλύσεως (interpretación privada, o iniciativa propia). El adjetivo ἴδιος (propio) que caracteriza al substantivo ἐπίλυσις habla de lo que viene de uno mismo y es privado. Precisamente en esto consistió y sigue consistiendo una de las marcas de un falso maestro que el mensaje que proclama tiene origen en sí mismo y es de iniciativa propia. La traducción "interpretación" como la usa la RV60 puede dar la idea de que aquí estamos hablando de un proceso interpretativo ilegítimo, como si existieran personas que de oficio tienen la capacidad o la autoridad de interpretar la escritura. Pero es evidente por el contexto y, sobre todo, el paralelismo con el siguiente versículo, que Pedro aquí no habla de interpretación, sino del origen del mensaje profético.

La palabra ἐπίλυσις significa la disolución de nudos complicados y conlleva la idea de sacar a la luz una nueva revelación. Y este proceso no tiene su origen en el planteamiento o el razonamiento de una persona. Los conceptos y revelaciones de la Escritura no tienen su origen en ninguna persona. Los escritores bíblicos no impusieron sus propias palabras a las palabras "sopladas" por Dios.

Los falsos profetas profirieron sus propias ideas, pero los profetas de Dios tenían la ayuda del Señor para poner por escrito lo que Dios quiso revelar.

Y una vez más tenemos en el contexto la confirmación principal para esta exégesis. En realidad, tenemos un paralelismo que es fácil de detectar: "ninguna profecía de la Escritura" en el versículo 20 es una construcción paralela a "la profecía" en el versículo 21 y la expresión "de interpretación privada" del versículo 20 tiene su paralelismo en "por voluntad humana" en el versículo 21. Y esta construcción paralela realmente tiene que decidir cualquier intento de entender el pasaje: estamos hablando del origen y no de la interpretación de la Escritura. En este sentido se ha entendido este pasaje con todo el derecho como un texto paralelo de 2 Timoteo 3:16-17.

3.3. Versículo 21

2 Pedro 1:21 termina la argumentación de Pedro y nos enseña precisamente la verdad que Pedro quería comunicar en su segunda carta. Es un hecho muy revelador y curioso que tanto Pablo como Juan y Pedro, aquí en sus últimas cartas escritas poco antes de su muerte, lleven la atención de sus lectores precisamente a la importancia de las Sagradas Escrituras: 2 Pedro 1:1-21; 2 Timoteo 3:15-17; 4:2-4; 1 Juan 2:18-29. En este contexto caben también las palabras de despedida de Pablo de los ancianos de Éfeso en Hechos 20:1-38 y particularmente los versículos 17-26.

El comienzo del versículo habla de una negación tajante en el sentido de "absolutamente ninguna profecía jamás se ha hecho". Llama la atención que la partícula negativa οὐ (nunca) se ha puesto al inicio de la frase en griego para darle mayor énfasis al argumento de Pedro. No cabe duda de la intención de lo que Pedro quería decir: el autor de cualquier profecía auténtica es Dios.

La palabra προφητεία (profecía) se usa aquí y en el versículo anterior, no en primer lugar en el sentido de predicción, sino en su significado más amplio de la proclamación de un mensaje que viene de parte de Dios. Estamos hablando propiamente dicho del proceso de revelación, inspiración y proclamación de un mensaje que viene de parte de Dios.

Aunque muchos de los profetas hicieron también afirmaciones en cuanto al futuro, no ha sido nunca esto el primer enfoque de sus palabras. Una buena parte del ministerio de los profetas consistía en la proclamación de un mensaje recibido de parte de Dios. Por lo tanto, Pedro aquí habla de un proceso único e irrepetible.

Una especial atención se merece el verbo φέρω (fue traída [...] inspirados). Los profetas no eran los que tomaron la iniciativa a la hora de profetizar. Ellos eran simplemente instrumentos. Gramaticalmente, la forma verbal indica que los profetas fueron continuamente llevados por el Espíritu Santo. Los autores humanos eran activos en el proceso de escribir usando sus propias idiosincrasias en cuanto al estilo y vocabulario. Pero en todo este proceso es el Espíritu Santo quien tiene el control total en cada momento.

Es también una curiosidad que las dos palabras que en la RV1960 se traducen como "fue traída" e "inspirados" respectivamente, en el original griego realmente son una y la misma palabra, φέρω, en el primer caso un aoristo pasivo y en el segundo caso un participio pasivo. De nuevo queda evidente que no fueron hombres que originaron la Escritura. Pero al mismo tiempo Pedro enfatiza la autoría humana, poniendo la palabra ἄνθρωποι (hombres) de forma enfática al final de la frase. No estamos hablando de un proceso de "escritura automática" o algo por el estilo, sino esa sinergia perfectamente orquestada por la intervención sobrenatural de Dios entre los autores humanos y el control del Espíritu Santo. Y es precisamente esto lo que tanta fascinación supone: aunque son palabras que obedecen las reglas gramaticales, lenguas humanas con su estructura y sus conceptos, al mismo tiempo expresan verdades divinas de una forma inequívoca y auténtica, sin posibilidad de error o de falsa información.

Eso hace imposible la idea de que la Biblia es simplemente el producto de personas que escriben sobre sus experiencias religiosas. Este texto dice precisamente lo contrario. Deja a la iniciativa y la ciencia humana fuera y subordina a todo lo que se ha escrito proféticamente bajo el último y definitivo control del Espíritu Santo como agente divino.

El énfasis de la frase es que ninguna parte de la Sagrada Escritura es de origen humano o nace de la voluntad humana.

Me parece muy importante este detalle porque realmente contradice rotundamente la conclusión a la cual llegó un sector importante de la teología protestante: que la Biblia es simplemente el producto de reflexiones teológicas de personas individuales o de la Iglesia de los primeros siglos. Pedro, por lo menos, no comparte esta idea.

De hecho, Pedro insiste que las palabras que son producto de la voluntad humana no solamente engañan el corazón del autor, sino que además envenenan el entendimiento de los que le siguen y escuchan. Esto es precisamente el escenario que Pedro tratará en el siguiente capítulo que es una de las denuncias más claras e instructivas en toda la Biblia en contra de los falsos maestros.

Encontramos el mismo tipo de enseñanza también en el Antiguo Testamento, por ejemplo, en Jeremías donde Dios compara las enseñanzas engañosas de los falsos maestros a la paja y la Palabra de Dios al martillo y el fuego (Jer 23:25-32).

Más bien, Pedro insiste en este contraste con la construcción que usa en el original: ἀλλὰ ὑπὸ (sino por). La expresión expresa un contraste fuerte, que se podría traducir con las palabras: "todo lo contrario".

Y acto seguido tenemos aquí uno de los más evidentes y fuertes paralelismos con lo que Pablo expresa en 2 Timoteo 3:16: es el Espíritu Santo el origen de todo lo que Dios ha puesto en su libro. Los instrumentos humanos simplemente pusieron en su idioma lo que Dios antes en su interior revelaba.

De nuevo se usa la palabra φέρω del cual ya antes comentábamos algunas cosas. Se usaba la forma verbal en esta parte del versículo en referencia a un barco velero que es llevado por el viento. Aquí se usa la forma pasiva del presente lo cual añade un elemento insistente o duradero al significado de la palabra. De la misma forma como un velero no se mueve por propia fuerza, los autores humanos de la Biblia no se movían por esfuerzo propio, sino fueron empujados o llevados por el Espíritu de Dios. Además, no parece en absoluto una casualidad que Pedro aquí juega con la palabra πνεῦμα que, además de significar "espíritu", también puede referirse al movimiento del aire.

4. Conclusión

Llegamos a la conclusión que ambos pasajes bíblicos que hemos analizado no dejan lugar para teorías de una inspiración parcial o simplemente de conceptos y aún menos para la idea de un origen humano de las Sagradas Escrituras. La inerrancia y la infalibilidad de la Biblia van unidas al concepto de una inspiración plenaria y verbal. Uno puede rechazarlo, pero entonces tiene que ser consciente de que, de esta manera, también rechaza el entendimiento de lo que es la Palabra de Dios, de los apóstoles y los profetas del Antiguo Testamento.

Preguntas para reflexionar

Si leemos 2 Timoteo 3:14-17, encontramos una serie de características de la Escritura. ¿Cuál es la importancia de cada una de estas expresiones para nosotros?

En 2 Timoteo 3:17 se mencionan cuatro beneficios de la Escritura para nuestras vidas. ¿Recuerda algún ejemplo donde un pasaje bíblico le ha impactado según estos cuatro parámetros?

Al final del 2 Timoteo 3:17 se dice que la Escritura nos prepara para "toda buena obra". ¿Cómo le ha ayudado la Palabra de Dios para este propósito?

Argumente sus respuestas.

III

La inerrancia según la Iglesia primitiva

1. Introducción

Desde el s. XX —sobre todo desde la segunda mitad de él— muchos expertos han argumentado que la inerrancia es un fenómeno moderno. Algunos como Karl Barth dicen que en el s. XVII los protestantes convirtieron la Biblia en un «papierener Papst» (Papa de papel) como una respuesta protestante a la autoridad creciente del Papado.[144] Muchos otros autores argumentan que un grupo de protestantes americanos del s. XIX —los precursores de los fundamentalistas del s. XX— lo inventaron como respuesta contra los ataques de la Ilustración y el liberalismo. Se asocia dicho sector con el seminario de Princeton, y sobre todo con el renombrado B. B. Warfield.[145]

Sin embargo, como se podrá notar en la colección de citas a continuación, creo que la evidencia indica otra realidad, a saber, que la inerrancia proviene de la Iglesia primitiva y que era la postura universal. La siguiente

---

144 *KD* 1/2 §19.2 (p. 583). C. S. Lewis ha escrito algo que es parecido a lo que dice Barth: "Se puede respetar, incluso envidiar, tanto la postura que los fundamentalistas tienen de la Biblia como la que los católicos romanos tienen de la Iglesia" (*Reflections on the Psalms* [New York: Harper One, 1958], 131). Pero parece que Lewis está hablando más de la hermenéutica que de la inerrancia.

145 Para la postura que era una respuesta al liberalismo, cf. Ernest Sandeen, *The Roots of Fundamentalism: British and American Millenarianism 1800-1930* (Chicago: University of Chicago Press, 1970), 14. Para la postura que se conecta con los "princetonianos antiguos" ("Old Princetonians"), cf. Ernest Sandeen, "The Princeton Theology: One Source of Biblical Literalism in American Protestantism," *Church History* 31.3 (1962): 307-321; Jack Rogers and Donald McKim, *The Authority and Interpretation of the Bible: An Historical Approach* (New York: Harper & Row, 1979); George Marsden, *Fundamentalism and American Culture: The Shaping of Twentieth-Century Evangelicalism, 1870-1925* (New York, 1980), caps. 12-14, 24; James Dunn, "The Authority of Scripture According to Scripture," *Churchman* 96 no 2 [1982]: 104-122, aquí 118; Mark Noll, *Between Faith and Criticism*, 2ª ed. (Grand Rapids, MI: Baker Books, 1991), 181-185; Todd Magnum, "The Modernist-Fundamentalist Controversy, the Inerrancy of Scripture, and the Development of American Dispensationalism," en Bovell, *Interdisciplinary Perspectives*, 46-70, aquí 47; para una bibliografía amplia, cf. Bradley Seeman, "The 'Old Princetonians' on Biblical Authority," en *The Enduring Authority of the Christian Scriptures*, ed. D. A. Carson (Grand Rapids, MI: William B. Eerdmans Publishing, 2016), 195-237, aquí 199 n. 12.

colección de citas es el fruto de la lectura de varias obras secundarias y también de mi propia investigación al respecto. Las palabras clave del latín y griego vienen normalmente de las ediciones críticas estándares, pero en algunas ocasiones hacía falta recurrir a la *Patrologia Graeca y Latina*, y en unas pocas ocasiones no he podido confirmar las palabras claves en ningún sitio. En cuanto a las traducciones al español, la mayoría vienen de ediciones estándares, pero en algunas ocasiones hacía falta traducirlas de otro idioma, normalmente del inglés. Sin embargo, siempre procuraba verificar dichas traducciones con los idiomas originales. He intentado ser exhaustivo en exponer la evidencia, desde los primeros testimonios del primer siglo hasta el testimonio de Agustín en el quinto, pero creo que queda mucho trabajo por delante.[146]

Durante mi investigación —sobre todo de las obras secundarias— notaba que surgían una y otra vez seis temas fundamentales. Para dar claridad, los he planteado en forma de preguntas y los he arreglado en orden ascendente con respecto a la inerrancia, desde lo más básico y fundamental hasta lo más explícito: (1) ¿creyeron que la Biblia fue inspirada? (2) ¿cómo fue inspirada la Biblia con respecto a papeles respectivos del Espíritu Santo y de los autores humanos? (3) ¿había papel para el ser humano? Es decir, ¿creyeron en la doble autoría? (4) ¿se contradecían las Escrituras? (5) ¿contiene la Biblia errores? (6) ¿es la Biblia inerrante?

Creo que la gran mayoría de los cristianos estamos de acuerdo sobre las respuestas a las primeras tres preguntas. Es decir, más o menos todos creemos que Dios inspiró la Biblia a través de autores humanos. Es con respecto a las siguientes tres preguntas donde entra el debate. Es decir, ¿cuál es la relación entre la inspiración y la verdad? El testimonio de la Iglesia primitiva no nos puede decir si la Biblia es inerrante o no, pero sí que nos puede ayudar a saber qué opinaron nuestros antepasados espirituales sobre el asunto, y así ayudarnos a formar nuestra postura con más precisión.

2. Testimonio de la Iglesia primitiva

2.1. Filón de Alejandría[147] (m. 50)

2.1.1. Las Escrituras son inspiradas por Dios

a)   *Ques. Ex.* 2:42 (hablando de los 10 mandamientos) «¿Escribe Dios la Ley? Como Dios es legislador en el significado más alto del término,

---

146   En mi opinión, queda el más trabajo con respecto a las fuentes judías (sobre todo Filón de Alejandría), Orígenes y Agustín.

147   Trad. *Questiones sobre Éxodo*: traducción propia; *Sobre las leyes particulares, Heredero* y *Vida de Moisés*: José María Triviño, *Obras Completas de Filón de Alejandría*, vol III-IV (Buenos Aires, 1976).

es necesario que la mejor ley, la cual se llama la verdadera ley, fuera establecida por él y ser escrita, no por manos, pues no es de forma humana, sino por su mandato e inclinación de cabeza».

b) *Her.* 259: «Ahora bien, es la palabra sagrada la que atestigua en todo hombre de bien la condición profética, porque un profeta, nada declara procedente de sí mismo, todo lo que dice es ajeno y él solo se hace eco de Otro. Al hombre ruin, en cambio, no le es lícito llegar a ser intérprete de Dios y, en consecuencia, ningún malvado es inspirado por Dios (ἐνθουσιᾷ) en el sentido exacto de la expresión; solo al hombre sabio corresponde tal cosa, puesto que solo él es el instrumento que, pulsado y ejecutado de manera invisible por Él reproduce la palabra Divina».

c) *Ley. part.* 1:65: «Un profeta inspirado por Dios (θεοφόρητος) aparecerá de pronto y revelará proféticos oráculos. Nada de lo que dijere será pensamiento propio, ya que quien se halla realmente poseído e inspirado por Dios (ἐνθουσιῶν) no puede comprender mientras habla. Todo cuanto oye es como un eco que se trasmite a través de él dictado por Otro. Los profetas, en efecto, son intérpretes de Dios, quien hace uso de los órganos de ellos para dar a conocer lo que desea».

d) *Ley. part.* 4:49: «Porque un profeta no hace en absoluto ninguna revelación a título personal, sino que es mero intérprete de Otro, que le dicta todo cuanto él expone, durante el tiempo en que está poseído por la Divina inspiración (ἐνθουσιᾷ), sin que se percate de ello, mientras su discernimiento se halla desterrado de él, habiendo cedido la ciudadela de su alma al Divino espíritu (τοῦ θείου πνεύματος), quien, instalado en ella y tomándola por residencia, pone en funcionamiento todo el aparato vocal y le dicta las palabras que expresan con claridad las cosas que profetiza».

e) *Vida Mois.* 1:274: «Irritado por eso el ángel, le dijo [a Moisés]: "Sigue tu camino y tus propósitos, que no te valdrá de nada, pues lo que habrás de decir te lo diré yo dictándotelo sin que intervenga tu entendimiento; y dirigiré tus órganos del habla de manera justa y conveniente. Yo llevaré las riendas de la palabra, y a través de tu lengua, sin que te des cuenta, pronunciaré cada una de las profecías"».

f) *Vida Mois.* 2:188-190: «Pues bien, no se me escapa el que todas las cosas que se hallan escritas en los sagrados libros son oráculos revelados a través de él [Moisés]; pero me referiré solo a aquellos que son más particularmente suyos, después de aclarar lo siguiente. De las Divinas revelaciones, en unas es Dios quien por Sí mismo hace la comunicación a través del intérprete que es su profeta; en otras, lo manifestado surge de una pregunta y una respuesta; y, en otras, procede de la boca misma de Moisés, que, lleno del Divino espíritu, ha sido transportado fuera de su propio ser. Las primeras son absoluta y enteramente signos de las Divinas excelencias que son la benevolencia y la generosidad, mediante las cuales mueve Dios hacia la grandeza de alma a todos los hombres y, en particular, a la nación de sus servidores, a la que abre el camino que lleva a la felicidad. Las segundas encierran una combinación y coparticipación, ya que el profeta pregunta sobre lo que desea saber y Dios le responde instruyéndolo. Las terceras se confían al legislador, a quien Dios infunde Su poder de conocer anticipadamente, mediante el cual revela los futuros acontecimientos». (Nótese que habla de varios modos de inspiración).

2.2. Josefo[148] (m. 100)

2.2.1. Las Escrituras son inspiradas por Dios

a) *Con. Ap.* 1:37-38, 41: «Con razón, obligados por la necesidad, no se ha otorgado licencia a todos para escribir historia, y no hay ninguna discrepancia en lo escrito; solamente los profetas que, por inspiración divina (ἐπίπνοιαν), obtuvieron conocimiento de las cosas más antiguas, y los que han descrito con mucha claridad lo que aconteció en su tiempo. [...] Además, desde el imperio de Artajerjes hasta nuestra época, todos los sucesos se han puesto por escrito; pero no merecen tanta autoridad y fe como los libros mencionados anteriormente, pues ya no hubo una sucesión exacta de profetas. [...] Todos los judíos, y desde su nacimiento, consideran que ellos contienen la voluntad de Dios (θεοῦ δόγματα)».

2.2.2. Las Escrituras han preservado correctamente la historia

a) *Con. Ap.* 1:27, 29: «Ciertamente tenemos que reconocer a los escritores griegos talento literario y fuerza de elocuencia; no, sin embargo, la verdad de la historia antigua, y especialmente en asuntos no pertenecientes a su patria. [...] En cuanto a nuestros antepasados, que pusieron el mismo cuidado en escribir la historia (prefiero no decir si con mayor diligencia), estuvo a cargo de los pontífices y profetas esta tarea; los cuales la han cumplido con gran diligencia

---

148 Trad. Luis Farré, *Obras completas de Flavio Josefo* (Buenos Aires: Acervo Cultural, 1961). Esta edición arregla la obra de Josefo según los párrafos, pero los he citado según el uso normal moderno, a saber, según los "versículos".

(ἀκριβείας) hasta nuestra época y, si se me permite expresarlo audazmente, diré que se conservará en adelante. Sobre esto me esforzaré en decir algo brevemente».

2.2.3. Las Escrituras no se contradicen

a) *Con. Ap.* 1:37-38: «Con razón, obligados por la necesidad, no se ha otorgado licencia a todos para escribir historia, y no hay ninguna discrepancia (διαφωνίας) en lo escrito; solamente los profetas que, por inspiración divina, obtuvieron conocimiento de las cosas más antiguas, y los que han descrito con mucha claridad lo que aconteció en su tiempo. Por esto entre nosotros no hay multitud de libros que discrepen (ἀσυμφώνων) y disienten (μαχομένων) entre sí».

2.2.4. Las palabras mismas son importantes

a) *Con. Ap.* 1:42: «A pesar de los siglos transcurridos, nadie se ha atrevido a agregarles nada (προσθεῖναί [...] οὐδὲν), o quitarles (ἀφελεῖν) o cambiarles (μεταθεῖναι). Todos los judíos, y desde su nacimiento, consideran que ellos contienen la voluntad de Dios (θεοῦ δόγματα); que hay que respetarlos y, si fuera necesario, morir con placer en su defensa».

2.2.5. Las Escrituras no contienen errores, sino que dicen la verdad

a) *Antig.* 2:293: «...quiero demostrar que Moisés no dejó de cumplir (ψευσάμενον) una sola de las cosas que había anunciado...».

b) *Antig.* 4:303: (hablando de las últimas palabras de Moisés en Deuteronomio) «Luego leyó una canción poética, compuesta con versos hexámetros, y la dejó en el libro santo. Contiene una predicción de lo que pasaría después. Todas las cosas sucedieron de conformidad y nos siguen pasando, no habiéndose apartado absolutamente nada de la verdad (ἀληθείας)».

c) *Antig.* 10:35: (hablando de Isaías) «Por lo demás el profeta, reconocido por todos como inspirado por Dios (θεῖος),[149] anunció hechos muy ajustados a la verdad (θαυμάσιος τὴν ἀλήθειαν), con la seguridad de que no decía falsedad ninguna (μηδὲν ὅλως ψευδὲς), y dejó por escrito todo lo que profetizó para que la posteridad

---

149 En mi opinión, la traducción «inspirado por Dios» toma demasiada libertad con el griego; mejor sería «un hombre de Dios».

juzgara. No solamente este profeta, sino otros en número de doce, profetizaron lo que nos ha acontecido, tanto bueno como malo, lo cual se ha cumplido».

d) *Con. Ap.* 1:26: «Ciertamente tenemos que reconocer a los escritores griegos talento literario y fuerza de elocuencia; no, sin embargo, la verdad (ἀληθοῦς) de la historia antigua, y especialmente en asuntos no pertenecientes a su patria».

e) *Con. Ap.* 1:154: (hablando del testimonio del escritor antiguo, Beroso) «Esta narración está de acuerdo con la verdad (ἀλήθειαν) de nuestras escrituras».

2.3. Clemente[150] (c. 95)

2.3.1. Las Escrituras son inspiradas por el Espíritu Santo

a) 13:1: «[…] pues el Espíritu Santo dice [cita Jer 9:23-24]».

b) 16:2-3: «[…] tal como el Espíritu Santo había hablado de Él. Pues dijo [cita Is 53:1-12]. Y otra vez Él mismo dice [cita Sal 21:7-9]». (Nótese que se atribuye la segunda cita de Sal 21 a Jesucristo).

c) 22:1-9: «Pues Él mismo, por medio del (διὰ) Espíritu Santo, nos llama de esta manera [cita Sal 34:11-19]. Y después [cita Sal 32:10]». (Nótese que se atribuyen las dos citas tanto a Jesucristo como al Espíritu Santo).

d) 45:2: «Os habéis inclinado sobre las Sagradas Escrituras, las verdaderas, las inspiradas por (διὰ) el Espíritu Santo».

e) 47:1-3: «Tomad la carta del bienaventurado apóstol Pablo. […] Guiado por el Espíritu (πνευματικῶς) os escribió en verdad».

2.3.2. Las Escrituras son verdaderas y no contienen nada injusto ni falso

a) 45:2-3: «Os habéis inclinado sobre las Sagradas Escrituras, las verdaderas (τὰς ἀληθεῖς), las inspiradas por el Espíritu Santo. Sabéis que nada injusto ni falso (οὐδὲν ἄδικον οὐδὲ παραπεποιημένον) ha sido escrito en ellas». (El contexto es la salvación).

b) 47:1-3: «Tomad la carta del bienaventurado apóstol Pablo. […] Guiado por el Espíritu os escribió en verdad (ἐπ' ἀληθείας)».

---

150 Trad. Juan José Ayán Calvo, *Clemente de Roma: Carta a los Corintios; Homilía anónima (Secunda Clementis)* (FP 4; Madrid: Editorial Ciudad Nueva, 1994).

2.4. Ignacio de Antioquía (m. 115)

2.4.1. Las Escrituras son inspiradas por el Espíritu Santo

a) *Magn.* 8:2: «Pues los divinísimos profetas vivieron según Jesucristo. Por ello también fueron perseguidos al estar inspirados (ἐμπνεόμενοι) por su gracia, para que los desobedientes tuvieran la certeza de que existe un único Dios, el cual se ha manifestado por medio de su Hijo Jesucristo».

2.5. Justino Mártir[151] (m. 165)

2.5.1. Las Escrituras son inspiradas por el Espíritu Santo[152]

a) *Apol.* 1:33:2 (después de citar Is 7:14 en 1:33:1) «Porque lo que los hombres pudieran tener por increíble e imposible de suceder, eso mismo indicó Dios anticipadamente por medio del (διὰ) Espíritu profético, para que cuando sucediera no se le negara la fe, sino, justamente por haber sido predicho, fuera creído».

b) *Apol.* 1:33:5: «el Espíritu profético»

c) *Apol.* 1:33:9: «Ahora, que los que profetizan no son inspirados (θεοφοροῦνται) por otro ninguno, sino por el Verbo divino, aun vosotros, como supongo, convendréis en ello».

d) *Apol.* 1:35:3-4: «Y nuevamente, el mismo profeta Isaías, inspirado (θεοφορούμενος) por el Espíritu profético, dijo [cita Is 65:2; 58:2]».

e) *Apol.* 1:36:1-2: «Advirtamos aquí que cuando oís que los profetas hablan como en persona propia, no habéis de pensar que eso lo dicen los mismos hombres inspirados (τῶν ἐμπεπνευσμένων), sino el Verbo divino que los mueve (τοῦ κινοῦντος). Porque unas veces habla como anunciando de antemano lo que ha de suceder, otras como en persona de Dios, Soberano y Padre del universo, otras, en persona de Cristo, otras, en fin, de las gentes que responden al Señor y Padre suyo. Algo semejante es de ver en vuestros propios escritores, que uno es el que lo compuso todo, pero varias las personas que entran en el diálogo».

151 Trad. *Apología y Diálogo*: Daniel Ruiz Bueno, *Padres apologistas griegos (s. II)* (BAC; Madrid: La Editorial Católica, 1954); *Exhortación*: Manuel Andrés Seoane Rodríguez, *Pseudojustino: Discurso contra los griegos, Sobre la monarquía, Exhortación a los griegos* (Salamanca: Universidad de León, 2008).

152 Justino dice en *Apol* 1:60:3 que «por inspiración e impulso (κατ᾽ ἐπίπνοιαν καὶ ἐνέργειαν) de Dios tomó Moisés bronce e hizo una figura de cruz…». No se ha incluido con las otras citas porque no habla de la inspiración de las Escrituras, sino de un acto).

f) *Diál.* 34:1: «Voy a citaros otro salmo, dictado por el Espíritu Santo a David (τῷ Δαυῒδ ὑπὸ τοῦ ἁγίου πνεύματος εἰρημένου)».

g) *Exhor.* 8: «No les resulta posible a los hombres conocer las cosas importantes y divinas ni por naturaleza ni con la inteligencia humana, sino con el don (δωρεᾷ) que descendió de lo alto a los hombres santos de entonces, los cuales no tuvieron necesidad del arte de las palabras (λόγων [...] τέχνης) ni de hablar al modo erístico (ἐριστικῶς) y con afán de emulación (φιλονείκως), sino de mantenerse a sí mismos puros con el poder del espíritu de Dios, para que la propia divinidad al descender del cielo como un plectro (πλῆκτρον), igual que si se sirviera de los hombres justos como de una cítara o de una lira (ὀργάνῳ κιθάρας τινὸς ἢ λύρας), nos desvele el conocimiento de los asuntos divinos y celestiales».

h) *Exhor.* 10: (hablando de Moisés) «Este fue el primero al que Dios proporcionó tanto el Espíritu Santo que desciende de lo alto a los hombres santos como el don de la profecía (προφητικὴν [...] δωρεάν) y dispuso que se convirtiera en nuestro primer maestro de religión, y después de él, los restantes profetas, que también obtuvieron el mismo don (δωρεᾶς) y que nos transmitieron las mismas enseñanzas sobre los mismos asuntos (τὰ αὐτὰ περὶ τῶν αὐτῶν). Estos afirmamos que son maestros de nuestra doctrina, pues no nos enseñaron nada procedente de su humana inteligencia, sino de un don (δωρεᾶς) entregado a ellos de lo alto de parte de Dios».

2.5.2. Doble autoría (Espíritu Santo y hombre)

a) *Apol.* 1:40:1-5: «Escuchad ahora lo que fue predicho sobre los que predicaron su doctrina y anunciaron su venida; el ya mentado profeta y rey dice así por obra (διὰ) del Espíritu profético [cita Sal 18:3-6]. Aparte de esto, hemos creído oportuno y propio de nuestro intento hacer mención de otras palabras profetizadas por el mismo David, por las que podéis enteraros de cómo exhorta a vivir a los hombres el Espíritu profético».

b) *Apol.* 1:41:1: «Y a la vez, en otra profecía, dando a entender el Espíritu profético por medio del (δι') mismo David».

c) *Diál.* 7:1: «Existieron hace mucho tiempo –me contestó el viejo– unos hombres más antiguos que todos estos tenidos por filósofos, hombres bienaventurados, justos y amigos de Dios, los cuales hablaron inspirados del espíritu divino (θείῳ πνεύματι λαλήσαντες), y divinamente inspirados[153] predijeron lo porvenir, aquello justamente

---

153 Parece haber un error en la traducción; el texto entero es: θείῳ πνεύματι λαλήσαντες καὶ τὰ μέλλοντα θεσπίσαντες ἃ δή νῦν γίνεται

La inerrancia según la Iglesia primitiva

que se está cumpliendo ahora; son lo que se llaman profetas. Estos son los solos que vieron y anunciaron la verdad a los hombres, sin temer ni adular a nadie, sin dejarse vencer de la vanagloria, sino llenos (πληρωθέντες) del Espíritu Santo, sólo dijeron lo que vieron y oyeron».

d) *Diál*. 32:3: «Ahora bien, a fin de que se os haga más claro lo que de presente discutimos, os quiero citar otras palabras dichas por (διὰ) el bienaventurado David, por las que entenderéis cómo el Espíritu Santo profético llama Señor a Cristo».

e) *Exhor*. 12: «[...] la obra histórica (ἱστορία) del primer profeta Moisés fue la única que preexistía, la cual por inspiración divina (ἐκ θείας ἐπιπνοίας) escribió Moisés con las letras de los hebreos».

2.5.3. Las Escrituras no se contradicen

a) *Diál*. 65:2: «[...] mas si lo has hecho pensando que vas a meter mi razonamiento en un callejón sin salida y obligarme a decir que las Escrituras se contradicen entre sí (ἐναντίας [...] ἀλλήλαις), te has equivocado. Pues yo jamás tendré la audacia de pensar ni decir semejante cosa. Si alguna vez se me objeta alguna Escritura que parezca contradictoria (ἐναντία) con otra y que pudiera dar pretexto a pensarlo; convencido como estoy que ninguna puede ser contraria a otra (οὐδεμία γραφὴ τῇ ἑτέρᾳ ἐναντία ἐστίν), por mi parte, antes confesaré que no las entiendo, y a los que piensan que puedan entre sí contradecirse (ἐναντίας), pondré todas mis fuerzas en persuadirles que piensen lo mismo que yo».

b) *Exhor*. 8: «Puesto que, en efecto, absolutamente nada verdadero sobre religión es posible aprender de vuestros maestros, que os ofrecen prueba suficiente de su propia ignorancia en la disputa de unos contra otros (τῆς πρὸς ἀλλήλους στάσεως), considero consecuente regresar a nuestros antepasados [...] Así pues, por esto nos enseñaron de manera consecuente y acorde entre sí (συμφώνως ἀλλήλοις) igual que si por una sola boca y una sola lengua».

c) *Exhor*. 10: (hablando de Moisés) «Este fue el primero al que Dios proporcionó tanto el Espíritu Santo que desciende de lo alto a los hombres santos como el don de la profecía y dispuso que se convirtiera en nuestro primer maestro de religión, y después de él, los restantes profetas, que también obtuvieron el mismo don y que nos transmitieron las mismas enseñanzas sobre los mismos asuntos». (La implicación es que como hay un solo autor de las Escrituras, a saber, el Espíritu Santo, no se pueden contradecir).

2.5.4. Los profetas profetizaban la verdad

a) *Diál.* 7:1: «Estos son los solos que vieron y anunciaron la verdad (τὸ ἀληθὲς) a los hombres, sin temer ni adular a nadie, sin dejarse vencer de la vanagloria, sino llenos del Espíritu Santo, solo dijeron lo que vieron y oyeron».

2.6. Teófilo de Antioquía[154] *(m. 185)*

2.6.1. Las Escrituras son inspiradas por el Espíritu Santo

a) *A Auto.* 2:9:1: «Por su parte, los hombres de Dios, portadores de santo espíritu (πνευματοφόροι πνεύματος ἁγίου) y hechos profetas, recibieron del mismo Dios inspiración y sabiduría (ἐμπνευσθέντες καὶ σοφισθέντες), se hicieron discípulos de Dios, santos y justos. Por eso fueron considerados dignos de recibir la recompensa de convertirse en instrumentos de Dios (ὄργανα θεοῦ) y poseedores de su propia sabiduría».

b) *A Auto.* 2:22:5: «De aquí que nos enseñan las sagradas escrituras y todos los inspirados por el espíritu (οἱ πνευματοφόροι), de entre los cuales Juan dice: [cita Jn 1:1]». (Nótese que incluye a Juan entre los inspirados).

c) *A Auto.* 3:12:1: «Además también sobre la justicia, de la que ha hablado la ley, se ve que tanto los profetas como los evangelios dicen cosas consecuentes, porque todos ellos inspirados por el espíritu (τοὺς πάντας πνευματοφόρους) han hablado con un único espíritu de Dios».

2.6.2. Doble autoría (Espíritu Santo y hombre)

a) *A Auto.* 3:17:4: «¿Cuánto más no hemos de saber nosotros la verdad, que aprendimos de los santos profetas llenos (τῶν χωρησάντων) del santo espíritu de Dios?».

2.6.3. Las Escrituras no se contradicen

a) *A Auto.* 2:9:2 (hablando de los profetas) «[...] y todos dijeron cosas armónicas y concordes (φίλα ἀλλήλοις καὶ σύμφωνα) entre sí».

---

154 Trad. José Pablo Martín, *Teófilo de Antioquía* (FP 16; Madrid: Editorial Nueva Ciudad, 2004).

b) *A Auto.* 3:12:1: «Además también sobre la justicia, de la que ha hablado la ley, se ve que tanto los profetas como los evangelios dicen cosas consecuentes (ἀκόλουθα [...] ἔχειν), porque todos ellos inspirados por el espíritu han hablado con un único espíritu de Dios». (Se debe su acuerdo a la autoría única del Espíritu Santo).

c) *A Auto.* 3:17:4: «Por ello todos los profetas dijeron cosas concordes y armónicas entre sí (σύμφωνα καὶ φίλα ἀλλήλοις) y anunciaron de antemano lo que habría de suceder a todo el mundo».

2.6.4. *Las Escrituras enseñan la verdad*

a) *A Auto.* 2:22:3: «Y no como dicen los poetas y mitógrafos, que nacen hijos de un dios por copulación, sino como la verdad (ἀλήθεια) explica que el verbo está siempre inmanente en el corazón de Dios». (Nótese que contrasta la falsedad de los poetas y mitógrafos griegos con la verdad de las Escrituras).

b) *A Auto.* 3:17:4: «¿Cuánto más no hemos de saber nosotros la verdad (τὰ ἀληθῆ), que aprendimos de los santos profetas llenos del santo espíritu de Dios?».

2.7. *Ireneo*[155] *(m. 202)*

2.7.1. *Las Escrituras son inspiradas y por lo tanto «perfectas»*

a) *Con. Her.* 2:28:2[156]: «Debemos abandonar esas cuestiones al Dios que nos hizo, sabiendo perfectamente que las Escrituras son perfectas (*perfectae*), pues fueron dictadas (*dictae*) por el Verbo de Dios y por su Espíritu».

2.7.2. *Las Escrituras no se contradicen*

a) *Con. Her.* 2:28:3[157]: «De este modo toda la Escritura que Dios nos ha dado nos parecerá congruente (*consonans*), concordarán (*consonabunt*) las interpretaciones de las parábolas con expresiones claras, y escucharemos las diversas voces como una sola melodía que eleva himnos al Dios que hizo todas las cosas».

---

155 Trad. Carlos Ignacio González, «San Ireneo De Lyon: *Contra los herejes*» http://www.mercaba.org/TESORO/IRENEO/00_Sumario.htm (accedido 18 oct, 2018).

156 Se encuentra en 2:41:1 en algunas ediciones.

157 Se encuentra en 2:41:4 en algunas ediciones.

2.7.3. Las Escrituras no mienten

a) *Con. Her.* 3:5:1: «También los Apóstoles, siendo discípulos de la Verdad (*veritatis*), están lejos de toda mentira (*mendacium*)».

2.7.4. Las Escrituras no contienen ningún error (Lucas)

a) *Con. Her.* 3:14:3-4: «Si alguno se atreve a acusar a Lucas de "no conocer la verdad (*veritatem*)", claramente rechaza el Evangelio del que pretende ser discípulo. En efecto, muchas cosas del Evangelio, y entre las más necesarias, las conocemos solo por él, como por ejemplo [cita muchas cosas del Evangelio]. Es preciso, pues, o que ellos acepten el resto de su doctrina, o que renuncien a toda ella. No tiene ningún sentido para quienes piensan un poco, acoger algunas de las enseñanzas de Lucas como si se tratase de la verdad (*veritatis*), y rechazar otras porque "no conoció la verdad (*veritatem*)"».

2.8. Fragmento de Muratori[158] (c. 190)

2.8.1. Las Escrituras son inspiradas por el Espíritu Santo

a) 16-26: «De manera que, aunque se nos enseñan orígenes distintos para cada uno de los evangelios, esto no supone ninguna diferencia (*differt*) para la fe de los creyentes, ya que el único y principal Espíritu declaró (*declarata sint*) en todos ellos todo lo referente al nacimiento, la pasión, la resurrección, el trato con sus discípulos y sus doble venida: la primera en humildad, cuando fue despreciado, que es la que ya ha tenido lugar, y la segunda gloriosa, en poder regio, que aún ha de suceder».

2.9. Atenágoras[159] (m. 190)

2.9.1. Las Escrituras son inspiradas por el Espíritu Santo

a) *Leg.* 7: «Ahora bien, vosotros mismos, que por vuestra inteligencia y por vuestra piedad hacia lo de verdad divino sobrepasáis a todos, diríais que es irracional adherirse a opiniones humanas, abandonando

---

158 Carlos Granados y Luis Sánchez Navarro, *Enquiridion* bíblico: Documentos de la Iglesia sobre la Sagrada Escritura (Madrid: Biblioteca de Autores Cristianos, 2005), 2-7. Esta edición arregla el fragmento según los párrafos, así que el lector debe buscar §2.

159 Trad. Daniel Ruiz Bueno, *Padres apologistas griegos (s. II)* (BAC; Madrid: La Editorial Católica, 1954).

la fe en el Espíritu de Dios, que ha movido (κεκινηκότι), como a instrumentos (ὄργανα) suyos, las bocas de los profetas».

b) *Leg.* 7: «Nosotros, en cambio, de lo que entendemos y creemos, tenemos por testigos a los profetas, que, movidos por espíritu divino (οἳ πνεύματι ἐνθέῳ ἐκπεφωνήκασι), han hablado acerca de Dios y de las cosas de Dios».

c) *Leg.* 9: «[...] pero nuestros razonamientos están confirmados por las palabras de los profetas, y pienso que vosotros, que sois amiguísimos del saber e instruidísimos, no sois ajenos a los escritos de Moisés ni a los de Isaías y Jeremías y de los otros profetas, que, saliendo de sus propios pensamientos, por moción (κινήσαντος) del Espíritu divino, hablaron lo que en ellos se obraba, pues el Espíritu se servía de ellos como un flautista que sopla (ἐμπνεῦσαι) en la flauta».

2.10. Clemente de Alejandría[160] (m. 215)

2.10.1. Las Escrituras son inspiradas (θεοπνεύστους) por el Espíritu Santo

a) *Prot.* 9: «En verdad, son santos los textos que santifican y divinizan. Los escritos, las obras, están formados por letras y por sílabas santas. A continuación, el mismo Apóstol las llama «inspiradas». [...] Nadie se extrañaría tanto de las exhortaciones de los demás santos como del mismo Señor en su amor hacia el hombre, pues no tiene otro trabajo que salvar al hombre». (Nótese que la obra del Señor es la salvación del hombre).

2.10.2. Doble autoría

a) *Prot.* 8: «Jeremías, ese profeta tan sabio, o mejor, el Espíritu Santo por Jeremías (ἐν Ἰερεμίᾳ τὸ ἅγιον πνεῦμα), nos muestra a Dios».

b) *Prot.* 8: «¿Y cuando, en otra ocasión, Dios quiso manifestarse a sí mismo por medio de (διὰ) Moisés?».

c) *Prot.* 8: «Pero ¿quieres oír otro oráculo? Tienes todo el coro de profetas, los compañeros de Moisés. ¿Qué dice el Espíritu Santo por (διὰ) Oseas? [...] Y también por (διὰ) Isaías».

---

160 Trad. María Consolación Isart Hernández, *Protréptico* (BCG 199; Madrid: Editorial Gredos, 1994).

2.10.3. Las Escrituras son verdad

a) *Prot.* 8: «Una vez que hemos tratado en orden lo demás, es el momento ya de que acudamos a los textos proféticos, pues sus oráculos nos ofrecen claramente los puntos de partida hacia la piedad y nos asientan en la verdad (τὴν ἀλήθειαν). Los caminos cortos de la salvación son las divinas Escrituras y un género de vida prudente. Carecen de adorno, lejos de un sonido agradable, de originalidad y de adulación. Pero levantan al hombre que se encuentra ahogado por la maldad, despreciando una vida que se le escapa; por una única y misma palabra ofrecen muchos servicios. Nos alejan del error fatal (τῆς ἐπιζημίου ἀπάτης) y nos empujan con claridad hacia la salvación que está ante nuestros ojos».

2.11. Tertuliano[161] (m. 220)

2.11.1. Las Escrituras son inspiradas por el Espíritu Santo

a) *Apol.* 20.1, 4: «[...] fijarnos en la majestad de las Escrituras. Por ella probamos su origen divino, si no lo conseguimos hacer por su antigüedad o si esta os ofrece alguna duda [...] las mismas voces resuenan, las mismas Escrituras anuncian, el mismo Espíritu impulsa».

b) *Apol.* 31.1: «[...] considera las palabras de Dios, nuestras Escrituras».

c) *Con. Mar.* 5:7: (hablando de 1Co 4:5) «Sin embargo, para evitar que uses un argumento así, el Espíritu Santo, providencialmente, ha explicado (*demonstravit*) el significado cuando dijo (*dixisset*): "Somos hechos un espectáculo para el mundo" [...]. Por supuesto, un hombre de un valor tan noble como nuestro apóstol (por no mencionar al Espíritu Santo) [...]».

2.11.2. Doble autoría (Espíritu Santo y hombre)

a) *De pac.* 7: «El mismo Espíritu de Dios dijo por boca del (*per*) Apóstol: *Que la codicia es raíz de todos los males*».

b) *Apol.* 18:2-3, 5: «Porque desde el principio envió al mundo a varones dignos, por inocencia de justicia, de conocer y mostrar a Dios, inundados de espíritu divino, por el que (*quo*) predicaron que Dios

---

161 Trad. *Prescripciones*: Salvador Vicastillo, *"Prescripciones" contra todas las herejías* (FP 14; Madrid: Editorial Ciudad Nueva, 2001); *Apología*: Julio Andión Marán, *El apologético* (BP 38; Madrid: Editorial Ciudad Nueva, 1997); *De paciencia* (pero con lenguaje actualizado): Pedro Manero, *Libro De paciencia, de Q.S. Florente Tertuliano* (Madrid: Pablo de Val, 1657); *Contra Marción*: traducción propia; *De pudor/modestia*: traducción propia.

es único, el que creó todas las cosas, el que formó al hombre del humus…. Por ellos reveló qué signos de su majestad en el juzgar se manifiestan por medio de lluvias, por medio de relámpagos. Por ellos reveló qué leyes estableció para merecer su favor, qué premios *designó* para quienes las observaran y qué castigos para quienes las ignorasen o abandonasen. Por ellos reveló que Él es quien, pasado este tiempo, ha de juzgar a sus adoradores para recompensarlos con la vida eterna […] Los que hemos dicho predicadores se llaman profetas por el oficio de profetizar. Sus palabras, lo mismo que sus acciones prodigiosas, que realizaban para que se creyera en la divinidad, permanecen en los tesoros de las Escrituras; y estas no están escondidas».

2.11.3. *Las Escrituras no contienen falsedades*

a) *Prescr. her.* 38.6-7: «[…] que parezcamos ser nosotros quienes han metido una pluma adulterina (*adulterum*) en las Escrituras…uno ha pervertido las Escrituras con su mano». (Nótese: la implicación es que solo las adiciones por los herejes son adulterinas y pervertidas y no las Escrituras mismas).

2.11.4. *Inspiración plenaria verbal incipiente*

a) *De pudor/modestia* 5: «[…] la divina Escritura nos ha hecho un solo cuerpo, las propias letras (*litterae*) son nuestro pegamento […]».

2.11.5. *Las Escrituras no se contradicen*

a) *Prescr. her.* 38.1: (hablando de la corrupción de las Escrituras por algunos herejes) «Por tanto, donde se da la diversidad de la doctrina, allí hay que suponer que existe falsificación (*adulteratio*) de las Escrituras y de sus interpretaciones».

2.12. Hipólito de Roma[162] *(m. 235)*

2.12.1. *Las Escrituras son inspiradas por el Espíritu Santo*[163]

a) *Con. Noetus* 9: «Hermanos, hay un Dios, y conocemos de él a través de las Sagradas Escrituras, y de ninguna otra fuente. Porque, como

---

162 Trad. *Contra Noetus*: traducción propia; *Cristo y anticristo*: traducción propia; *Comentario sobre Daniel*: traducción propia.

163 Se podría añadir *Discurso sobre la santa teofanía* 9, pero solo dice que el Espíritu Santo obraba en los profetas del AT.

hombre, si él quisiera ser experto en la sabiduría del mundo, solo podría conseguirlo dominando los dogmas de los filósofos, así que, todos nosotros, que deseamos practicar la piedad, solo aprenderemos a hacerlo a través de los oráculos de Dios. Así pues, miremos todo lo que las Sagradas Escrituras digan, y cualquier cosa que enseñen, aprendámosla [...]».

b) *Cristo y anticristo* 2: «Todos estos profetas estaban dotados (*aptati*; κατηρτισμένοι) por el Espíritu profético, y grandemente honrados por la propia Palabra. Como si fueran instrumentos musicales (*organa*; ὀργάνων), ellos siempre tenían la Palabra en su interior, como si fuera una púa (*plectrum*; πλῆκτρον), y cuando eran movidos por ella, anunciaban lo que Dios quería. Los profetas no hablaban en su propio poder (*ex sua facultate*; ἐξ ἰδίας δυνάμεως) —que nadie se equivoque con eso— y tampoco anunciaban lo que a ellos les gustaba, sino que, antes que nada, ellos eran investidos con sabiduría por la Palabra, y también eran correctamente enseñados sobre el futuro, a través de visiones. Entonces, cuando ya estaban totalmente convencidos, hablaban sobre las cosas que Dios solo les había revelado a ellos y ocultado al resto».

2.12.2. Doble autoría (Espíritu Santo y hombre)

a) *Con. Noetus* 17: «Porque el Espíritu Santo realmente ha testificado de esto a través de (*in persona*; ἐκ προσώπου) los apóstoles, diciendo: "¿Y quién ha creído a nuestro anuncio?"».

2.12.3. Las Escrituras son verdaderas

a) *Com. Dan.* 4:6: «Ni las Escrituras falsean nada, ni el Espíritu Santo engaña a sus siervos los profetas, a través de los que se complace en anunciar la voluntad de Dios a los hombres».

2.12.4. Inspiración plenaria verbal incipiente

a) *Cristo y anticristo* 2: «Porque entre nosotros no pretendemos, de una u otra manera, cambiar nada de las palabras que nos hablaron ellos [los profetas], sino que hacemos públicas las Escrituras en las cuales están escritas, y se las leemos a aquellos que las pueden creer correctamente; porque es de beneficio para ambas partes: para el que habla, que guarda en la memoria y describe correctamente todas las cosas del pasado, y para el que escucha, que pone atención a las cosas dichas».

2.13. Cayo de Roma[164] (s. III temprano)

2.13.1. Las Escrituras son inspiradas por el Espíritu Santo

a) *Fragmentos* 3: «Se han atrevido a falsificar las Sagradas Escrituras, han rechazado los cánones de la antigua fe y han ignorado a Cristo, sin preguntarse qué dicen las Sagradas Escrituras, sino buscando con ahínco qué forma de silogismo pueden planear para establecer su impiedad. [...] Por esa razón, se han hecho con las Escrituras, alegando que las han corregido. Y no les acuso de esto falsamente, cualquiera que quiera puede verificarlo. Pues si alguno decide recolectar y comparar todas sus copias juntas, encontrará muchas discrepancias en ellas. Si alguien compara las que fueron antes preparadas por ellos, con las que después fueron corrompidas con un objetivo concreto, encontrará muchas discrepancias. Y con la audacia que requiere una ofensa así, no parece probable que ellos ignoraran todo esto. Porque, o ellos no creen que las divinas Escrituras fueron dictadas por el Espíritu Santo (ἁγίῳ Πνεύματι λελέχθαι; *a Sancto Spiritu dictatas*), y entonces son infieles, o se creen más sabios que el Espíritu Santo, ¿y qué son entonces sino demonios?».

2.14. Sexto Julio Africano[165] (m. 240)

2.14.1. Las Escrituras no son falsas

a) *Ep. a Arístides* (hablando de la visión de las genealogías de Cristo, que les permiten ser falsos en cuanto a decir que Cristo tenía un linaje real y sacerdotal): «Porque si las generaciones son diferentes, y no hay rastro de una semilla genuina que lleve a José, y si todo se hubiera manifestado solo para establecer la posición de aquel que iba a nacer —para confirmar la verdad, a saber, que aquel que iba a venir sería rey y sacerdote, sin haber prueba de ello, sino que la dignidad de las palabras se reduce a un débil himno— es evidente que ninguna alabanza recae sobre Dios, porque es una falsedad (ψεῦδος; *mendacium*), sino que el juicio vuelve a aquel que lo afirma, porque presume de una irrealidad como si fuera real. Por lo tanto, para exponer la ignorancia del que habla así también, y evitar que alguien tropiece con esta locura, yo describiré la verdadera historia de estos asuntos».

---

164 Trad. *Fragmentos*: traducción propia.
165 Trad. *Epístola a Arístides*: traducción propia.

2.15. Orígenes de Alejandría[166] (m. 254)

2.15.1. Las Escrituras son inspiradas por el Espíritu Santo

a) *De prin*. Pref 1: «En todo caso, llamamos palabras de Cristo no solo a aquellas con que enseñó hecho hombre y situado en la carne: pues, también antes, Cristo, como Logos de Dios, estaba en (*in*) Moisés y en (*in*) los profetas. En efecto, ¿de qué modo podían profetizar acerca de Cristo sin el Logos de Dios? Para probar esto no hubiera sido arduo demostrar, a partir de las Escrituras, de qué modo tanto Moisés como los profetas han pronunciado y realizado todo lo que han hecho porque estaban llenos (*repleti*) del Espíritu de Cristo».

b) *De prin*. Pref 4: «Este Dios, justo y bueno, Padre de nuestro Señor Jesucristo, Él mismo dio (*dedit*) la ley, los profetas y los evangelios, el cual es también el Dios de los apóstoles, así como del Nuevo y del Antiguo Testamento (*veteris ac novi testamenti*). […] Sin duda, se predica en la Iglesia de modo clarísimo que este mismo Espíritu Santo inspiraba (*inspiraverit*) a cada uno de los santos, tanto profetas como apóstoles, y que no había un Espíritu en los antiguos y otro en los que fueron inspirados en la venida de Cristo».

c) *De prin*. Pref 8: «Luego, también [es transmitido] que las Escrituras fueron escritas por (*per*) el Espíritu de Dios y que tienen no solo el sentido que está a la vista, sino también otro que está oculto a la mayoría». (Nótese que este enfoque interpretativo jugará un papel importante en la exégesis de Orígenes, sobre todo cuando habla de «errores» en el texto).

d) *De prin*. 1.3.1: «En todo caso nosotros, según la fe en su enseñanza, que mantenemos con certeza como divinamente inspirada (*divinitus adspiratam*), creemos que no hay una manera más eminente y más divina de exponer y ofrecer a los hombres el conocimiento acerca del Hijo de Dios, que su propia Escritura, inspirada por el Espíritu Santo (*a sancto spiritu inspirata*), es decir, las [Escrituras] evangélicas y apostólicas, así como la ley y los profetas, tal como el mismo Cristo aseguró».

e) *De prin*. 4.1.6[167]: «Demostrando, de modo sumario, la divinidad de Jesús y exhibiendo las palabras proféticas acerca de él, demostramos

---

166 Trad. *De principios*: Samuel Fernández, *Orígenes: sobre los principios* (FP 27; Madrid: Editorial Ciudad Nueva, 2015); *Escolio sobre Mateo*: traducción propia; *Contra Celso*: Daniel Ruiz Bueno, *Orígenes: Contra Celso* (Madrid: Biblioteca de Autores Cristianos, 1967); *Comentario sobre Mateo*: traducción propia; *Comentario sobre Juan*: traducción propia.

167 Aquí el latín y el griego no siempre concuerdan entre sí.

juntamente que son divinamente inspiradas (θεοπνεύστους; *divinitus inspiratae*) las Escrituras que lo profetizan, los textos que anuncian su venida y la enseñanza pronunciada con todo portento y autoridad, y que por esto ha conquistado a los elegidos de entre las naciones. Sin embargo, se debe decir que el carácter divino de las palabras proféticas y el carácter espiritual de la ley de Moisés brillaron [solo] cuando vino Jesús. Pues antes de la venida de Cristo, era casi imposible mostrar ejemplos claros de la inspiración divina (θεοπνεύστους; *a Deo inspirata*) de las antiguas Escrituras. Sin embargo, a los que podían sospechar que la ley y los profetas no eran divinos (θεῖα; *divinitus inspirata*), la venida de Jesús los condujo a reconocer estos [libros] como redactados con la gracia celestial. Y el que se aplica con atención y diligencia a las palabras proféticas, experimentando un vestigio de inspiración durante el acto de lectura, se convencerá, por medio de lo que experimenta, de que no son escritos de hombres aquellos que nosotros hemos creído que son palabras de Dios».

f) *De prin.* 4:2:1[168]: «Después de haber hablado de modo sumario acerca de que las divinas Escrituras son inspiradas por Dios (θεοπνεύστους; *per spiritum sanctum divinae scripturae inspiratae*)».

g) *Con. Cel.* 1:43: (hablando de las profecías dadas a Ezequiel e Isaías) «Y es así que tú, judío, crees que todo eso es verdad (ἀψευδέσι) y que no solo lo vio el profeta por obra de espíritu divino, sino que, por inspiración (ὑπὸ θειοτέρου Πνεύματος) del mismo, lo dijo y consignó por escrito».

2.15.2. *Doble autoría (Espíritu Santo y hombre)*

a) *De prin.* Pref 4: «[…] y que este mismo Dios, en los últimos días, tal como había prometido anteriormente por (*per*) sus profetas».

b) *De prin.* 4:2:7: «En primer lugar, se debe mostrar que el propósito propio del Espíritu que, gracias a la providencia de Dios, por medio del Logos que en el principio estaba ante Dios, ilumina (φωτίζοντι; *iluminabat*) a los servidores de la verdad (los profetas y los apóstoles)».

c) *Con. Cel.* 7:10: «Así se viera su empeño en refutar los dichos proféticos y mostrar que no eran divinamente inspirados (ἔνθεοι; *divinitus inspiratos*) aquellos discursos que contienen una conversión de los pecados o una represión de los hombres del tiempo o una predicción sobre lo por venir. Tal es la razón porque los contemporáneos

---

168 Aquí el latín y el griego no concuerdan entre sí.

de los profetas pusieron por escrito y conservaron sus profecías, a fin de que también los posteriores, al leerlas, las admiraran como palabras de Dios (λόγους θεοῦ; *eloquia Dei*), se aprovecharan no solo de las que reprenden y exhortan a la conversión, sino también de las que predicen, convenciéndose, por su cumplimiento, haber sido un espíritu divino el que las predijo, y así perseveraran en la práctica de la religión conforme al Logos, creyendo a la ley y a los profetas».

2.15.3. *La inspiración como extensión de la encarnación*[169]

a) *Esc. Mt.* 1 (sobre 1:18): «[…] la Palabra (ὁ λόγος) […] es invisible, pero cuando se escriba en la Biblia (ἐν βιβλίῳ), y se hace carne de cierta manera (οἱονεὶ σωματωθῇ), entonces también se pone visible».

2.15.4. *Las Escrituras no se contradicen*

a) *De prin.* Pref 4: «Sin duda, se predica en la Iglesia de modo clarísimo que este mismo Espíritu Santo inspiraba (*inspiraverit*) a cada uno de los santos, tanto profetas como apóstoles, y que no había un Espíritu en los antiguos y otro en los que fueron inspirados en la venida de Cristo». (No dice explícitamente que las Escrituras no se contradicen, pero el mero hecho de que el Espíritu Santo es el mismo autor de los dos Testamentos implica su unidad).

b) *Com. Mt.* 2: (comentando sobre Mateo 5:9 y lo de ser un pacificador) «Para el hombre que es pacificador en cualquier sentido, no hay nada torcido ni perverso (σκολιὸν οὐδὲ στραγγαλιῶδες; *pravum neque distortum*) en los oráculos divinos, porque todos son claros para los que entienden. Y como para alguien así no hay nada torcido ni perverso, él ve la abundancia de paz en todas las Escrituras, incluso en aquellas que parecen estar en conflicto, y en contradicción (μάχην καὶ ἐναντιώματα; *se pugnantes et contrariae*) unas con otras. Y de la misma manera, se convierte en un tercer especie de pacificador, demostrando que aquello que para los demás parece ser un conflicto en las Escrituras no es un conflicto, y muestra su concordia y paz (τὴν συμφωνίαν καὶ τὴν εἰρήνην; *consensum pacemque*), ya sea de las Antiguas Escrituras con las Nuevas, o de la Ley

---

169 «Nada nos podría asegurar más elocuentemente de la convicción de Orígenes del estado y autoría divino de la Biblia que su doctrina asombrosa de la Biblia como extensión de la encarnación» (R.P.C. Hanson, *Allegory and Event: A Study of the Sources and Interpretation of Origen's Interpretation of Scripture* [Louisville, KY: Westminster John Knox Press, 2002], 194). Texto griego: *PG* 17:289. Puede ser que la «Palabra» no se refiera a Jesucristo sino a algún concepto humano (p. ej., el pensamiento).

con los Profetas, o de los Evangelios con las Escrituras Apostólicas, o entre las propias Escrituras Apostólicas [...] Pero la Palabra es el único Pastor de las cosas racionales que puede tener una apariencia de discordia (διαφωνίας; *discrepantiam*) para aquellos que no tienen oídos para escuchar, pero que están realmente en perfecta concordia (ἀληθὲς συμφωνότατα; *maxime consentiunt*)».

2.15.5. Las Escrituras sí «se contradicen» pero a propósito y para transmitir un significado más profundo.[170]

a) *De prin.* 4:2:9[171]: «Por otra parte, dado que, si por medio de cada [pasaje] se hubiera revelado claramente la utilidad inmediata de la legislación y la concatenación y exactitud de la historia, no habríamos creído que se pudiera comprender nada que estuviera más allá del sentido inmediato en las Escrituras, por ello el Logos de Dios disponía que, en medio de la ley y de la historia, fueran situados ciertos [pasajes] ofensivos o imposibles (σκάνδαλα καὶ προσκόμματα καὶ ἀδύνατα; *inpossibilia* [...] *et inconvenientia*), a modo de piedras de tropiezo, para evitar que totalmente seducidos por el atractivo del simple texto, pero sin aprender nada digno de Dios, nos apartáramos completamente de las doctrinas, o bien, al no ser estimulados por la Escritura, no aprendiéramos nada más divino. De todos modos, es necesario tener en cuenta también lo siguiente: dado que el propósito primordial consiste en describir la coherencia en las realidades espirituales, acontecidas o por acontecer, allí donde el Logos encontró acontecimientos históricos capaces de adecuarse a estas realidades misteriosas, se sirvió [de ellos] ocultando a la mayoría el sentido más profundo; pero cuando tal o cual acontecimiento, previsto en función de realidades más misteriosas, no se prestaba

---

170 Para el enfoque alegórico de Orígenes, cf. *De prin.* Pref 8: «Luego, también [es transmitido] que las Escrituras fueron escritas por el Espíritu de Dios y que tienen no solo el sentido que está a la vista, sino también otro que está oculto a la mayoría. En efecto, las cosas que han sido escritas son figuras de ciertos misterios e imágenes de las cosas divinas». Para un ejemplo del enfoque alegórico de Orígenes, cf. *Hom. Gn* 10:5: (hablando de cómo los hombres de Dios suelen encontrar a las mujeres al lado de un pozo). «[Y] o, siguiendo al Apóstol Pablo, digo que estas cosas tienen sentido *alegórico* y digo también que las bodas de los santos son la unión del alma con el Verbo de Dios, *pues el que se una al Señor es un solo espíritu.* Y esta unión del alma con el Verbo es seguro que no puede realizarse de otra manera que por la instrucción de los libros divinos, que figurativamente reciben el nombre de pozos» (José Ramón Díaz Sánchez-Cid, *Orígenes: homilías sobre el Génesis* [BP 48; Madrid: Editorial Ciudad Nueva, 1999]). Más citas de Orígenes se podría multiplicar, pero se ha proporcionado estas para ilustrar su hermenéutica.

171 Aquí el latín y el griego no siempre concuerdan entre sí.

para la descripción de la coherencia de lo inteligible, la Escritura introdujo en el relato algo que no sucedió (τὸ μὴ γενόμενον; *convenire non poterat*): ya sea lo que no podía suceder, o bien lo que podía suceder, pero que no sucedió. Algunas veces son pocas las palabras insertadas que no están de acuerdo con la verdad (ἀληθευόμεναι; *non videntur servare posse veritatem*) corporal (κατὰ τὸ σῶμα; *secundum corporalem intellegentiam*), otras veces son muchas. [...] Ahora bien, el Espíritu ha realizado esta disposición no solo respecto de los [escritos] anteriores a la venida [del Hijo], sino que, dado que es el mismo [Espíritu] y que proviene del único Dios, ha hecho lo mismo respecto de los evangelios y de los apóstoles, puesto que tampoco ellos articulan un relato histórico (τὴν ἱστορίαν) completamente simple de acuerdo a lo corporal (κατὰ τὸ σωματικὸν), pues contienen hechos que no han ocurrido, y una legislación y unos preceptos que no ofrecen en ellos algo totalmente razonable (εὔλογον)».

b) *De prin.* 4:3:5: «Sin embargo, el [lector] minucioso se encontrará tironeado en algunos [pasajes], al no poder aclarar, sin mucha indagación, si acaso tal presunto relato histórico ha sucedido de acuerdo a la letra o no, y si acaso debe o no ser observada la letra de una determinada legislación. Por esto, es necesario que con precisión el lector, observando el mandato dicho por el Salvador: *Escrutad las Escrituras*, investigue atentamente dónde el sentido literal es verdadero (ἀληθές) y dónde es imposible (ἀδύνατον), y según su capacidad, a partir de los términos semejantes, siga la huella del sentido profundo –diseminado por toda la Escritura– de los [pasajes] que, de acuerdo a la letra, son imposibles (ἀδυνάτου). Pues bien, como será evidente a los lectores, mientras la coherencia es imposible en lo que se refiere a la letra, por el contrario, el [sentido] primordial no solo no es imposible (ἀδύνατος), sino verdadero (ἀληθὴς). Es necesario esforzarse para comprender el sentido pleno, relacionando de modo inteligible el relato acerca de las [cosas] imposibles de acuerdo a la letra con las que no solo no son imposibles (ἀδυνάτοις), sino también verdaderas (ἀληθέσι) de acuerdo a la historia, comprendiéndolas alegóricamente (συναλληγορουμένοις) junto con las que, de acuerdo a la letra, no han sucedido. Nosotros, en efecto, nos encontramos a gusto respecto de toda la Escritura, puesto que toda ella tiene [sentido] espiritual (τὸ πνευματικόν), si bien, no toda ella tiene [sentido] corporal (τὸ σωματικόν). Pues a menudo el [sentido] corporal se demuestra como imposible (ἀδύνατον). Por eso, al que tiene un trato reverente con los libros divinos –como Escrituras divinas– le corresponde dedicarse [a ellas] con mucha aplicación. Nos parece que esto es lo característico de la comprensión de las [Escrituras]».

c) *Com. Jn* 10:4[172]: (hablando de los cuatro evangelistas) «Yo no les condeno si ellos algunas veces se ocupaban a su manera de asuntos que, a los ojos de la historia, pasaron de forma diferente, y los cambiaron para apoyar las metas espirituales que tenían en mente; cosas como contar algo que pasó en un sitio concreto, como si hubiera pasado en otro, o algo que pasó en un momento concreto, como si hubiera ocurrido en otro, o introducir algunos cambios en algo que se había expuesto de una forma concreta. Ellos propusieron contar la verdad (ἀληθεύειν; *narrare vera*) donde era posible, tanto material como espiritualmente, y cuando esto no era posible, su intención era dar prioridad a lo espiritual frente a lo material. Se podría decir que la verdad (ἀληθοῦς; *veritate*) espiritual a menudo era preservada en la falsedad (ψευδεῖ; *mendacio*) material. [...] Y Jesús es también muchas cosas, según las concepciones de él, de las que es probable que los evangelistas aceptaran nociones distintas (διαφόρους; *diversas*); aunque ya estaban de acuerdo (συμφερομένους; *consentientes*) entre ellos sobre las diferentes cosas que escribieron. [...] He dicho mucho sobre las aparentes discrepancias (ἐμφαινομένης διαφωνίας; *aparentem...dissonantiam*) en los Evangelios, y sobre mi deseo de que sean tratadas como interpretación espiritual».

d) *Com. Jn* 10:15-16: (hablando de la expulsión de los mercaderes del templo en los Evangelios) «He escrito secciones enteras de los Evangelios, pero lo he pensado necesario para mostrar la discrepancia (διαφωνίαν; *dissonantiam*) en esta parte del Evangelio. Tres de los Evangelios sitúan estos incidentes, que se supone que son los mismos que narra Juan, en una visita del Señor a Jerusalén, pero Juan, por otra parte, los relaciona con dos visitas que están muy separadas la una de la otra, y entre las que se desarrollan muchos viajes del Señor a otros sitios. Creo que, para alguien que solo hace una interpretación histórica, es imposible ver que estas discrepancias (διαφωνίαν; *dissonantiam*) estén en armonía (σύμφωνον; *consonam*). Si alguien considera que no hemos hecho una exposición sólida, que escriba una réplica a nuestra declaración. Sin embargo, nosotros exponemos, según la fortaleza que se nos ha dado, las razones que nos mueven a reconocer que ahí hay armonía (συμφωνίαν; *concordiam*); y haciendo eso, rogamos a aquel que da a todo el que pregunta y busca intensamente indagar, y llamamos, para que, a través de las llaves de un mayor conocimiento, las cosas secretas de las Escrituras puedan sernos reveladas».

---

172 Orígenes dice lo mismo de algunas declaraciones de Pablo en *Com. Jn* 10:5 y luego dice en 10:6: «Estos ejemplos pueden ser útiles para ilustrar afirmaciones, no solo sobre el Salvador, sino también sobre los discípulos, porque aquí también hay alguna discrepancia de declaración».

2.15.6. Las Escrituras son verdaderas

a) *De prin.* 3:1:9: (hablando de Éx 4:23–11:5) «Pues es necesario que, el que cree que las Escrituras son verdaderas (ἀληθεῖς) y que Dios es justo, si es sensato, se empeñe en argumentar cómo en este tipo de expresiones [Dios] claramente se comprende como justo».

b) *Com. Jn* 10:2: (hablando de la venida de Jesús a Cafarnaúm, después del encarcelamiento de Juan el Bautista) «La verdad (ἀλήθειαν; *veritatem*) de estos asuntos debe radicar en lo que vemos con el entendimiento. Si no se resuelven las discrepancias (διαφωνίας; *dissonantia*) entre los Evangelios, deberíamos dejar de confiar en que los Evangelios sean verdaderos (ἀληθῶν; *vere*) y estén escritos por el Espíritu Santo (θειοτέρῳ Πνεύματι γεγραμμένων; *scripta per Spiritum*), o que sean relatos dignos de ser creídos, ya que ambas características pertenecen a la Escritura». (Nótese: Orígenes sí aclara la discrepancia, al menos según su criterio, y así los Evangelios son "verdaderos").

2.16. Cipriano de Cartago[173] (m. 249)

2.16.1. Las Escrituras son inspiradas por el Espíritu Santo

a) *De obras y limosnas* 2: «El Espíritu Santo habla en (*in*) las Sagradas escrituras y dice [cita Pr 16:6]».

b) *De obras y limosnas* 5: «Y el Espíritu Santo también declara esto en los Salmos y lo demuestra diciendo [cita Salmos 41:1]».

c) *De obras y limosnas* 9: "El Espíritu Santo habla por (*per*) Salomón y dice [cita Pr 28:27]... Además, el bendito apóstol Pablo, lleno de la gracia de la inspiración del Señor (*Dominicae inspirationis*), dice [cita 2Co 9:10, 12]".

d) *Unidad* 4: «Esta unidad de la Iglesia descubre el Espíritu Santo en la persona de Cristo cuando dice en el Cantar de los Cantares [cita Cnt 6:8)».

e) *Unidad* 8: «El Espíritu Santo anuncia y señala en los Salmos esta casa y esta morada de espíritus unidos diciendo [cita Sal 67:6]».

f) *Unidad* 10: «[...] a ellos los califica el Espíritu Santo en los Salmos como los que están sentado en la cátedra de la pestilencia».

g) *Unidad* 24: «El Espíritu Santo nos avisa con estas palabras [cita Sal 33:13-15]».

---

173 Trad. *Unidad*: Juan Antonio Gil-Tamayo, *Obras completas de san Cipriano de Cartago*, tomo 1 (Madrid: Biblioteca de Autores Cristianos, 2013); *De obras y limosnas*: traducción propia.

2.16.2. Doble autoría (Espíritu Santo y hombre)

a) *De obras y limosnas* 9: «Además, el bendito apóstol Pablo, lleno de la gracia de la inspiración del Señor, dice [cita 2Co 9:10, 12]».

b) *Unidad* 10: «El Espíritu Santo nos lo señala, por medio del (*per*) apóstol, cuando dice [cita 1Co 11:19]».

c) *Unidad* 16: «[…] tal como no lo había anunciado y advertido el Espíritu Santo por medio del (*per*) apóstol [cita 2Ti 3:1-9]».

2.16.3. Las Escrituras son verdaderas

a) *De obras y limosnas* 8: (hablando del que da limosnas) «Porque él trabaja así porque cree —porque sabe que lo que es anunciado por la Palabra de Dios es verdad (*vera*), y que las Sagradas Escrituras no pueden mentir (*nec…posse mentiri*)».

2.17. Eusebio de Cesarea[174] (m. 339)

2.17.1. Las Escrituras son inspiradas por el Espíritu Santo

a) *Hist. Ec.* 1:2:2: «[…] por lo que el Espíritu divino dice: "Su generación, ¿quién la narrará?" (Is 53:8)».

b) *Hist. Ec.* 1:2:24: «En cuanto al reinado final del Verbo, el profeta Daniel, contemplándolo por influjo del espíritu divino (θείῳ πνεύματι), sintiéndose divinamente inspirado (ἐθεοφορεῖτο) y describió así, bastante al estilo humano, su visión [cita Da 7:9-10]».

c) *Hist. Ec.* 2:3:1: «Así, indudablemente, por una fuerza y una asistencia de arriba, la doctrina salvadora, como rayo de sol, iluminó de golpe a toda la tierra habitada. Al punto, conforme a las divinas Escrituras, *la voz de sus evangelistas inspirados* (θεσπεσίων) *y de sus apóstoles resonó en toda tierra, y sus palabras en el confín del mundo*». (Nótese que tanto los evangelistas como los apóstoles son inspirados; se debe notar también la ambigüedad sobre si fueran las personas o sus obras las que fueron inspiradas).

d) *Hist. Ec.* 3:4:6: (hablando de Lucas) «Mas su trato con los otros apóstoles tampoco fue superficial: de ellos adquirió la terapéutica de las almas, de la que nos dejó ejemplos en dos libros divinamente inspirados (θεοπνεύστοις): el *Evangelio* […] y los *Hechos de los Apóstoles*».

174 Trad. *Historia Eclesiástica*: Argimiro Velasco-Delgado, *Eusebio de Cesarea: Historia eclesiástica: texto bilingüe* (Madrid: Biblioteca de Autores Cristianos, 2008); *Preparación*: Jesús-María Nieto Ibáñez y Vicente Bécares Botas, *Eusebio de Cesarea: Preparación evangélica I (Libros I-VI)* (Madrid: Biblioteca de Autores Cristianos, 2011).

e) *Hist. Ec.* 3:24:3: «Aquellos hombres inspirados (οἱ θεσπέσιοι) y en verdad dignos de Dios —los apóstoles de Cristo, digo». (Nótese que son los hombres mismos los que son inspirados).

f) *Hist. Ec.* 5:28:18: (citando a otro autor) «De qué atrevimiento sea este pecado, no es probable que lo ignoren ellos, porque, o bien no creen que las divinas Escrituras fueron dictadas (λελέχθαι) por el Espíritu Santo (ἁγίῳ πνεύματι), y en ese caso son incrédulos, o bien estiman que ellos son más sabios que el Espíritu Santo».

g) *Hist. Ec.* 6:14:7: «En cuanto a Juan, el último, sabedor de que lo corporal estaba ya expuesto en los *Evangelios*, estimulado por sus discípulos e inspirado por el soplo divino del Espíritu (πνεύματι θεοφορηθέντα), compuso un *Evangelio* espiritual».

h) *Hist. Ec.* 7:25:7: (citando a otro autor quien habla de Apocalipsis) «Por lo tanto, no contradiré que él se llamaba Juan y que el libro este es de Juan, porque incluso estoy de acuerdo en que es obra de un hombre santo e inspirado por Dios (θεοπνεύστου)».

i) *Hist. Ec.* 10:1:3: «Es natural que, siendo un número perfecto, insertemos aquí el discurso perfecto y panegírico de la restauración de las Iglesias, obedeciendo al Espíritu divino, que exhorta de la siguiente manera [cita Sal 97:1-2]».

2.17.2. *Las Escrituras no se contradicen*

a) *Hist. Ec.* 3:24:13: (hablando de los cuatro Evangelios) «A quien ponga atención a todo esto no tiene ya por qué parecerle que los Evangelios difieren entre sí (διαφωνεῖν ἀλλήλοις), puesto que el de Juan contiene las obras primerizas de Cristo, y los otros la historia del final del período. Y, en consecuencia, es también probable que Juan pasara por alto la genealogía carnal de nuestro Salvador por haberla escrito ya anteriormente Mateo y Lucas, y comenzase hablando de su divinidad, cual si el Espíritu divino se lo hubiera reservado a él como más capaz».

b) Eusebio escribió un libro llamado *Sobre la diafonía* [διαφωνία] *de los Evangelios* (cf. Jerónimo, *De viris ilustribus* 81), pero está perdido.

2.17.3. *Inerrancia incipiente*

a) *Prep.* 1:3:6[175]: «Por ello, es posible contar, como ya se ha dicho, con infinidad de demostraciones razonadas, sabias y lúcidas, obras de

---

175 Aquí el latín y el griego no siempre concuerdan entre sí (*PG* 21:31-34). Solo he incluido el griego.

autores recientes, escritas en defensa de nuestro pensamiento, junto con no pocos y laboriosos comentarios sobre las Sagradas y divinas escrituras (τὰς ἱερὰς καὶ ἐνθέους Γραφὰς), que demuestran con todo rigor la inerrancia (ἀψευδές) e infalibilidad (ἀδιάπτωτον) de quienes nos anunciaron desde el principio la verdad de nuestra religión».

2.18. Atanasio[176] (m. 373)

2.18.1. Las Escrituras son inspiradas por el Espíritu Santo

a) *Contra los paganos* 1: «Pues las Escrituras santas e inspiradas por Dios (*sanctae ac divinae Scripturae*; αἱ ἅγιαι καὶ θεόπνευστοι Γραφαὶ) se bastan para dar a conocer la verdad (*veritatem*; ἀληθείας)».

2.18.2. Doble autoría

a) *Encarnación* 56: «Estos textos, en realidad, han sido pronunciados y escritos por Dios (παρὰ Θεοῦ) mediante (διὰ) hombres que nos hablan de él».

2.18.3. Las Escrituras no se contradicen

a) *Ep.* 19:3: «Pues se dice que las Escrituras no se acuerdan entre sí (*sibi non consonat*), o que Dios, quien dio el mandamiento, es falso (*mentiri*). Pero no hay ningún desacuerdo (entre las Escrituras), ni puede el Padre, quien es verdad, miente (*mentiri*)».

2.19. Basilio de Cesarea[177] (el Grande, Magno) (m. 379)

2.19.1. Las Escrituras son inspiradas por el Espíritu Santo

a) *Hom. Sal.* 1: «"Toda la Escritura es inspirada por Dios (θεόπνευστος// *divinitus inspirata*) y útil", por lo tanto, fue compuesta (συγγραφεῖσα// *conscripta*) por (παρὰ//a) el Espíritu Santo».

---

176 Trad. *Encarnación*: José C. Fernández Sahelices, *Atanasio: La encarnación del verbo*, 2ª ed. (BP 6; Madrid: Editorial Ciudad Nueva, 1997); *Contra los paganos*: Luis Antonio Sánchez Navarro, *Atanasio: Contra los paganos* (BP 19; Madrid: Editorial Ciudad Nueva, 1992); *Epístola*: traducción propia.

177 Trad. propia basada en el texto griego de www.perseus.tufts.edu.

2.19.2. Inspiración plenaria verbal incipiente

a) *Ep.* 42:3: «No seas negligente en leer, sobre todo el Nuevo Testamento, porque viene mucho daño del Antiguo Testamento, y no porque lo escrito fuera dañoso, sino porque la mente de los dañados está débil. Pues todo pan es nutritivo, pero a los enfermos les hace daño. Así es que toda Escritura es inspirada por Dios (θεόπνευστος) y útil, y no hay nada inmundo en ella, excepto para aquel que piensa que hay algo inmundo; para él es inmundo».

2.20. Gregorio Nacianceno[178] (m. 390)

2.20.1. Inspiración plenaria verbal incipiente

a) *Ora.* 2:105 (*Fuga*) «Nosotros, en cambio, que extendemos la minuciosidad del espíritu[179] (τῆς τυχούσης [...] τοῦ πνεύματος) hasta el menor punto y letra (ραίας καὶ γραμμῆς), nunca aceptaremos, porque sería impío, que ni siquiera las acciones menos importantes hayan sido tratadas por casualidad por quienes las redactaron con tanto cuidado y que hayan sido conservadas hasta el presente en la memoria [por la tradición] solo por casualidad».

2.21. Gregorio de Nisa[180] (m. 394)

2.21.1. Las Escrituras son inspiradas por el Espíritu Santo

a) *Con. Eun.* 7:1: «"[...] la Escritura inspirada (θεόπνευστος λόγος; *a Deo inspiratus sermo*) dice, por una parte, "el Señor es el Espíritu" [...]».

2.21.2. Las Escrituras no mienten

a) *Con. Eun.* 7:2: «Eunomio, aunque puede que no quiera estar en armonía con nosotros, seguro que reconocerá que las Escrituras no pueden mentir (τὸ μὴ ψεύδεσθαι; *non mentiri*)».

---

178 Trad. Santiago García Jalón, *Gregorio Nacianceno: Fuga y autobiografía* (Madrid: Editorial Ciudad Nueva, 1996).

179 En mi opinión, una mejor traducción sería «Espíritu».

180 Trad. *Contra Eunomio*: traducción propia.

2.21.3. Inspiración plenaria verbal incipiente

a) *Con. Eun.* 7:1: «La Escritura, "dada por Dios por inspiración" (Ἡ θεόπνευστος Γραφὴ; *Divinitus inspirata Scriptura*), como dice el Apóstol, es la Escritura del Espíritu Santo, y su intención es el beneficio de los hombres. Porque "toda Escritura" (Πᾶσα; *Omnis*), dice, "es inspirada por Dios y es beneficiosa"; y el beneficio es variado y multiforme, como dice el Apóstol — "para doctrina, para reprobar, para corrección, para instruir en justicia"».

b) *Con. Eun.* 7:1: «[...] todas las cosas que dice la sagrada Escritura son declaraciones del Espíritu Santo (ὅσα ἡ θεία Γραφὴ λέγει τοῦ Πνεύματός εἰσι τοῦ ἁγίου φωναί; *quod quaecunque sacra Scriptura dicit, Spiritus sancti sint voces sive effata*) [...] Así pues, es por el poder del Espíritu que los hombres santos, que están bajo la influencia divina, son inspirados (τῇ δυνάμει τοῦ Πνεύματος οἱ θεοφορούμενοι τῶν ἁγίων ἐμπνέονται; *Numine afflati sancti vates virtute Spiritus sancti inspirantur*), y por esa razón se dice que toda Escritura es "inspirada por Dios", porque es la enseñanza del soplo divino (θείας ἐμπνεύσεως; *divinae inspirationis*)».

2.22. Juan Crisóstomo[181] (m. 407)[182]

2.22.1. Las Escrituras son inspiradas por el Espíritu Santo

a) *Hom. Jn* 2:1: «Si hubiera de hablarnos Juan y contarnos cosas suyas, lo oportuno sería referiros acerca de su linaje, patria y educación. Pero como no habla él sino Dios por su medio (δι') a la humana naturaleza, me parece superfluo discurrir sobre eso.»

2.22.2. Doble autoría

a) *Hom. Mt* 1:1: «Por impulso de Dios también, Mateo, lleno del (ἐμπλησθεὶς) Espíritu Santo, escribió lo que escribió.»

---

181 Trad. *Homilías sobre Mateo*: Daniel Ruiz Bueno, *Obras de San Juan Crisóstomo: Homilías sobre el Evangelio de San Mateo (1-45)*, 2ª ed. (Madrid: Biblioteca de Autores Cristianos, 2007); *Homilías sobre Juan*: Isabel Garzón Bosque y Santiago García-Jalón, *Juan Crisóstomo: Homilías sobre el Evangelio de San Juan* (Madrid: Editorial Ciudad Nueva, 1991); http://www.clerus.org/bibliaclerusonline/es/est.htm#ci (accedido 06 noviembre, 2018).

182 Cf. Luis Alonso-Schökel, *The Inspired Word (La Palabra inspirada)*, 137; Chrysostomus Baur, *John Chrysostom and His Time*, 318-319; Robert Hill, "St. John Chrysostom's Teaching on Inspiration..." *Vigilae Christianae* 22 (1968): esp. 28-30.

2.22.3. Inerrancia

a) Hom. Jn 68: (hablando del Juan) «Quiere aquí significar de muchos modos la veracidad (ἀψευδές) de las Escrituras y que lo que han predicho se ha verificado exactamente y no de modo diverso al que predijeron.»

2.22.4. Las Escrituras no se contradicen

a) Hom. Mt. 1:3: «En cuanto a la armonía (συμφωνίαν) entre los evangelistas, la estableceremos por el hecho de que toda la tierra ha aceptado sus relatos. [...] Mas de haber una contradicción real (διεφώνουν) en los evangelistas, ni el evangelio hubiera sido aceptado ni la doctrina cristiana misma se hubiera mantenido mucho tiempo; *porque todo reino* —dice el Señor— *dividido contra sí mismo no se mantendrá en pie.* Pero lo cierto es que la gracia del Espíritu Santo brilla justamente en que ha persuadido a los hombres a adherirse a lo principal y más importante y no ha dejado que sufrieran daño alguna de esas menudencias (τῶν μικρῶν τούτων).»

2.23. Jerónimo[183] (m. 420)

2.23.1. Las Escrituras son inspiradas por el Espíritu Santo

    a) *Com. Mr.* 1 (sobre Mr 1:1-12): «Los evangelistas hablaban inspirados por el Espíritu Santo».

2.23.2. Las Escrituras no se contradicen

    a) *Com. Mr.* 2 (sobre Mr 1:13-31): «Pues la Sagrada Escritura forma un todo coherente, unida como está por un mismo Espíritu: es como una pequeña cadena, en la que cada anillo se une a otro y basta con que quites parte de uno, para que otro quede totalmente suelto».

    b) *De viris il.* 9 (sobre Juan) «Pero se dice también que otra causa de este escrito [el evangelio de Juan] fue que, como él hubiera leído los volúmenes de Mateo, de Marcos y de Lucas, aprobó, desde luego, el texto de la narración y afirmó que ellos habían dicho la verdad; pero que habían escrito la historia de solo el año en que también, después de su

---

183 Trad. *Epístola*: Juan Bautista Valero, *San Jerónimo: Obras Completas: Xa Epistolario I (Cartas 1-85**)* (Madrid: Biblioteca de Autores Cristianos, 2013); *Com. Marcos*: Joaquín Pascual Torró, *San Jerónimo: Comentario al Evangelio de San Marcos* (BP 5; Madrid: Editorial Ciudad Nueva, 1989); *De viris ilustribus*: Virgilio Bejarano, *San Jerónimo: Obras Completas, tomo II: Comentario a Mateo; Prólogos y prefacios a diferentes tratados; Vidas de tres monjes; Libros de los claros varones eclesiásticos* (Madrid: Biblioteca de Autores Cristianos, 2002).

encarcelamiento, padeció Juan. Por eso, dejado a un lado el año cuyos hechos habían sido expuestos por los otros tres, él narró los hechos del tiempo pasado, antes de que Juan hubiera sido encerrado en la cárcel, según podrá resultar evidente a quienes diligentemente hayan leído los volúmenes de los cuatro *Evangelios*, cosa que también elimina la *diaphonía*[184] que parece haber entre el *Evangelio* de Juan y los otros».

2.23.3. *Las Escrituras no contienen nada falso*

a) *Com. Mr.* 1 (sobre Mr 1:1-12): (hablando sobre Mr 1:2-3 y el atribuir a Isaías una cita de Malaquías, y respondiendo a la crítica de Porfirio quien dijo: «Los evangelistas fueron hombres tan ignorantes, no solo en las cosas del mundo, sino incluso en las divinas Escrituras, que lo escrito por un profeta lo atribuyen a otro»). «En cuanto soy capaz de recordar y buscar en mi mente, repasando con la máxima atención tanto la traducción de los *setenta*, como los mismos textos hebreos, nunca he podido encontrar que esto esté escrito en el profeta Isaías. Lo de *Mira envío mi mensajero delante de ti*, está escrito, sin embargo, al final del profeta Malaquías. […] ¿Qué le responderemos nosotros? Gracias a vuestras oraciones me parece haber encontrado la solución. Conforme está escrito en el profeta Isaías. ¿Qué es lo que está escrito en el profeta Isaías? *Voz que clama en el desierto: Preparad el camino del Señor, enderezad sus sendas.* Esto es lo que está escrito en Isaías. Ahora bien, esta misma afirmación se halla expuesta más ampliamente en otro profeta. El evangelista mismo dice: Este es Juan el Bautista, de quien dijo también Malaquías: *Mira, envío mi mensajero delante de ti, en que ha de preparar tu camino.* Por tanto, lo que dice que está escrito en Isaías, se refiere a este pasaje: *Voz del que clama en el desierto: Preparad el camino del Señor, enderezad sus sendas.* Para probar que Juan era el mensajero, que había sido enviado, no quiso Marcos recurrir a su propia palabra, sino a la profecía del profeta».

2.23.4. *Inspiración plenaria verbal incipiente*

a) *Ep.* 27:1: (respondiendo a las críticas que había recibido sobre el uso de la crítica textual en el NT) «[…] no soy tan romo de inteligencia ni de tan crasa rusticidad […] que piense deba ser corregido ni lo más mínimo de las palabras del Señor, o que haya en ellas algo que no esté divinamente inspirado (*divinitus inspiratum*). Por el contrario, he querido subsanar la inexactitud de los códices latinos, que se

---

184 En el texto latín se pone la palabra griega διαφωνία, la cual significa disonancia, discrepancia.

comprueba por la divergencia de todos los ejemplares, restituyéndolos a su original griego, de donde ni mis detractores niegan que fueron traducidos».

2.24. Agustín[185] (m. 430)

2.24.1. Las Escrituras son inspiradas por el Espíritu Santo

a) *Conf.* 7:21:27: «Así, pues, cogí avidísimamente las venerables Escrituras de tu Espíritu, y con preferencia a todos, al apóstol Pablo».

2.24.2. Doble autoría[186]

a) *Conf.* 12:23:32[187]: «Oídas, pues, estas cosas y consideradas según la capacidad de mi flaqueza —la cual te confieso, ¡oh Dios mío!, que la conoces— veo que pueden originarse dos géneros de cuestiones cuando por medio de signos se relata algo por nuncios veraces: una si se discute acerca de la verdad de las cosas, otra acerca de la intención del que relata. Del mismo modo, una cosa es lo que inquirimos sobre la creación de las cosas, que sea verdad, y otra qué fue lo que Moisés, ilustre servidor de tu fe, quiso que entendiera en tales palabras el lector y oyente». (Nótese que hace una distención entre la inerrancia y la hermenéutica).

b) *Arm.* 1:35:54: «Por tanto, el que envió por delante a los profetas antes de su descenso, es el mismo que después de su ascensión envió

---

185 Trad. *Cartas*: Lope Cilleruelo, *Obras de San Agustín en edición bilingüe*, tomo 8, *Cartas* (Madrid: La Editorial Católica, 1951); *Ciudad de Dios*: José Moran, *Obras de San Agustín en edición bilingüe*, tomo 16-17, *La Ciudad de Dios* (Madrid: La Editorial Católica, 1958); *Confesiones*: Ángel Custodio Vega, *Obras de San Agustín texto bilingüe*, tomo 2, *Las confesiones* (Madrid: La Editorial Católica, 1955); *Armonía*: Pio de Luis y José Cosgaya, *Obras completas de San Agustín*, tomo 29, *Escritos bíblicos (5º): Anotaciones al libro de Job. La concordancia de los evangelistas* (Madrid: Biblioteca de Autores Cristianos, 1992); *Réplica a Fausto*: Pio de Luis, *Obras completas de San Agustín*, tomo 31, *Escritos antimaniqueos (2º): Contra Fausto* (Madrid: Biblioteca de Autores Cristianos, 1993); *Del Génesis a la letra*: Balbino Martín, *Obras de San Agustín en edición bilingüe*, tomo 15, *De la doctrina cristiana. Del Génesis contra los maniqueos. Del Génesis a la letra, incompleto. Del Génesis a la letra.* (Madrid: Biblioteca de Autores Cristianos, 1957).

186 Según la valoración de A. D. R. Polmen acerca de la postora de Agustín sobre la doble autoría, «*La Biblia era tanto la obra exclusiva del Espíritu Santo solo y a la vez la obra exclusiva de los escritores bíblicos*. Más allá de eso, Agustín no teorizaba» (*The Word of God According to St. Augustine* [Grand Rapids, MI: William B. Eerdmans Publishing Company, 1961], 51 [el énfasis es suyo]).

187 Cf. 12:3:3: (hablando de Gn 1:2) «por lo que mandaste que se escribiese».

también a los apóstoles. Mediante el hombre que asumió es cabeza de todos sus discípulos, que son como los miembros de su cuerpo. Y así como ellos escribieron lo que él mostró y dijo, nunca pudo decirse que él no haya escrito nada, porque sus miembros hicieron lo que conocieron al dictado (*dictante*) de la cabeza. Lo que él quiso que nosotros leyéramos sobre sus hechos y dichos se lo mandó escribir a ellos como a sus manos. Todo el que entienda este consorcio de unidad (*unitatis consortium*) y el ministerio, en los diversos oficios (*in diversis officiis*), de los miembros concordes bajo una única cabeza, no entenderá lo que lea en el Evangelio, siendo los narradores los discípulos de Cristo, distintamente de si viese que lo escribía la misma mano del Señor, que llevaba en el propio cuerpo».

c) *Arm.* 2:21:51-52: «Aunque alguien recuerde óptima y fielmente las cosas conocidas, no está en poder de nadie el orden en el recuerdo, pues el que algo venga a la mente del hombre antes o después no depende de nuestra voluntad, sino de un don. Por eso es bastante probable que cada uno de los evangelistas creyese que debía hacer el relato en el orden en que Dios hubiese querido sugerir a su recuerdo (*recordationi suggerere*) lo que narraba, siempre con referencia a aquellas cosas cuyo orden, sea el que sea, no afecta a la autoridad y verdad (*veritatique*) del Evangelio. Quien busque con piadosa atención por qué el Espíritu Santo, que reparte los dones propios a cada uno según quiere y, por tanto, al recordar (*recolendo*) lo que iban a escribir, gobierna (*gubernans*) también las mentes de los santos en atención a los libros que habían de ser puestos en tan gran cima de autoridad, y rige (*regens*) a uno de una manera y a otro de otra; por qué, repito, permitió que uno ordenase su relato de una manera y otro de otra, con la ayuda divina podrá hallar respuesta».

d) *Arm.* 3:7:30: (hablando de cómo se le atribuye a Jeremías la cita en Mt 27:9 cuando parece que viene de Zac 11:13): «¿Qué hay que entender, pues, sino que esto se realizó por una más secreta determinación de la providencia de Dios que gobierna (*gubernatae*) las mentes de los evangelistas? Pudo acontecer que, a la mente de Mateo, autor (*conscribentis*) del evangelio, le viniese Jeremías en vez de Zacarías, como suele acontecer. El error, sin embargo, lo corregiría sin la menor duda, al menos una vez advertido por otros que pudieron leerlo, aun viviendo él en carne, de no venirle a su recuerdo, regido (*regebatur*) por el Espíritu Santo, que le aconteció poner el nombre de un profeta por el de otro no en vano, sino porque así estableció el Señor que se escribiese. […] todos los santos profetas que hablaron movidos por un único Espíritu (*uno spiritu*) […] que, por tanto, se debe aceptar sin duda alguna todo lo que a través de (*per*) ellos dijo el Espíritu Santo. [...] Más bien, siguiendo la autoridad del Espíritu Santo, que él más que nosotros experimentaba como gobernando (*regi*) su mente, ¿no debía dejar lo escrito como estaba, según lo había establecido el Señor con su admonición, para instruirnos a nosotros de que es tan grande la concordia (*concordiam*) de sus palabras en los profetas que, sin caer en el absurdo, sino desde la lógica, atribuyésemos también a Jeremías lo que hallamos dicho por Zacarías?».

e) *Ciud. Dios* 17:6:2: (después de citar 1Sa 13:14) «El Señor no busca un hombre, como si desconociera dónde está, sino que habla por medio de (*per*) un hombre, a usanza humana, y nos busca también con ese modo de hablar».

2.24.3. *Las Escrituras no se contradicen*

a) *Rép. Fausto* 3:5: «Lo referente a la divergencia (*diversitate*) en las generaciones que perturbó a Fausto, cuyo nudo consistía en cómo entender que se pudieran tener dos padres, queda resuelto una vez comprendida la parte de la naturaleza y la de la adopción. En consecuencia, su decisión de dirigirse a los otros dos evangelistas, olvidándose de los dos primeros, fue inútil, y con tal decisión ofendió más a aquellos a quienes se dirigió que a los otros de quienes se apartó. Los santos no aman a quienes les dan preferencia a ellos, si advierten que lo hacen desertando de los que les están asociados. Hallan su gozo en la unidad y forman una unidad en Cristo. Y aunque uno diga una cosa y otro otra, o uno la diga de una manera y otro de otra, todos dicen la verdad (*vera*), sin contradecirse lo más mínimo (*nec sibi ullo modo contraria*), si es un lector piadoso quien se acerca, o uno manso quien lee; si no busca con espíritu de hereje el litigar, sino con corazón fiel la propia edificación. Por tanto, al creer que cada uno de los evangelistas asumió el narrar la genealogía de uno de los dos padres que, siendo un solo hombre tuvo José, nuestra fe no se aparta de la verdad (*veritate*). Puesto que al respecto los evangelistas van de acuerdo entre sí (*inter se...convenientibus*), rendíos, del modo que sea, como lo prometió Fausto».

b) *Arm.* 1:7:10: «Por eso, con la inspiración y la ayuda del Señor nuestro Dios, he emprendido en esta obra —que ojalá sirva también para su salvación— la tarea de demostrar el error (*errorem*) o la temeridad de quienes creen presentar objeciones suficientemente agudas contra los cuatro libros del evangelio que escribieron, independientemente, los cuatro evangelistas. Para que ello sea realidad, he de mostrar cómo no se contradicen (*non sibi adversentur*) esos mismos cuatro autores».

c) *Arm.* 1:35:54: (hablando de que los autores de la Biblia son como las manos de la Cabeza, que es Cristo) «Por lo cual, veamos ya cuáles son aquellos puntos que piensan que escribieron los evangelistas en desacuerdo entre sí (*sibimet scripsisse contraria*), como pudiera parecer a los romos de inteligencia, a fin de que, resuelta la cuestión, de aquí mismo aparezca que los miembros de aquella cabeza conservaron la concordia fraterna (*unitate germanam*) en la unidad de su cuerpo, no solo pensando lo mismo, sino también escribiendo en armonía (*concordiam*)».

d) *Arm.* 2:21:52: «Pero esto no cae dentro del objetivo de esta obra que hemos emprendido ahora para demostrar que los evangelistas no se contradicen (*repugnare*) a sí mismos ni entre sí, cualquiera que sea el orden en que cada uno de ellos haya podido o querido relatar las mismas cosas u otras de las que Jesús hizo y dijo. Por lo cual, donde no aparece la sucesión temporal, no nos debe interesar en absoluto qué orden haya mantenido cada cual; donde, en cambio, exista, si algo ofrece dificultad, porque parezca que se contradice (*repugnare*) a sí mismo o a otro, hay que considerarlo (*considerandum*) y solucionarlo (*enodandum*)».

e) *Arm.* 3:2:8: (en §5-7 está hablando del número de veces que el gallo cantara cuando Pedro negó a Jesús) «Si se pregunta cuáles fueron las palabras exactas que profirió el Señor a Pedro, no se pueden descubrir y su búsqueda es superflua, puesto que su sentencia, a cuyo conocimiento sirven las palabras, puede ser conocidísima aun en las palabras diferentes de los evangelistas. Así, pues, no se podrá detectar aquí ninguna contradicción (*repugnantia*) entre los evangelistas, porque ninguna existe».

f) *Arm.* 3:7:30: «[...] todos los santos profetas que hablaron movidos por un único Espíritu están en tan maravilloso acuerdo entre sí (*inter se consensione*)».

g) *Conf.* 7:21:27: «Así, pues, cogí avidísimamente las venerables Escrituras de tu Espíritu, y con preferencia a todos, al apóstol Pablo. Y perecieron todas aquellas cuestiones en las cuales me pareció algún tiempo que se contradecía a sí mismo (*adversari sibi*) y que el texto de sus discursos no concordaba (*congruere*) con los testimonios de la Ley y de los Profetas, y apareció uno a mis ojos el rostro de los castos oráculos y aprendí a alegrarme con temblor».

2.24.4. *Inerrancia*

a) *Conf.* 12:23:32: «Oídas, pues, estas cosas y consideradas según la capacidad de mi flaqueza —la cual te confieso, ¡oh Dios mío!, que la conoces— veo que pueden originarse dos géneros de cuestiones cuando por medio de signos se relata algo por nuncios veraces: una si se discute acerca de la verdad de las cosas, otra acerca de la intención del que relata. Del mismo modo, una cosa es lo que inquirimos sobre la creación de las cosas, que sea verdad, y otra qué fue lo que Moisés, ilustre servidor de tu fe, quiso que entendiera en tales palabras el lector y oyente. En cuanto al primer género de disputa, apártense de mí todos los que creen saber las cosas que son falsas (*falsa*). Respecto del segundo, apártense de mí todos los que creen que Moisés dijo cosas falsas (*falsa*). Júnteme, Señor, en ti con aquéllos y góceme en ti con ellos, que con apacentados por tu verdad (*veritate*) en la latitud de la caridad, y juntos nos acerquemos a las palabras de tu libro y busquemos en ellas tu intención a través de la intención de tu siervo, por cuya pluma nos dispensaste estas cosas».

b) *Ep.* 28:3: «Opino que es deletéreo el creer que en los libros santos se contiene mentira (*mendacium*) alguna, es decir, que aquellos autores por cuyo medio nos fue enviada y redactada la Escritura hayan dicho alguna mentira (*mentitos*) en sus libros. Una cosa es preguntar si un hombre bueno puede en algunas circunstancias mentir (*mentiri*), y otra cosa muy distinta es preguntar si pudo mentir (*mentiri*) un escritor de la Sagrada Escritura. Mejor dicho: no es otra cuestión, sino que no hay cuestión. Porque, una vez admitida una mentira (*mendacio*) por exigencias del oficio apostólico en tan alta cumbre de autoridad, no quedará partícula alguna de los libros. Por la misma regla deletérea podrá recurrirse siempre a la intención y obligación del ministerio del autor mentiroso (*mentientis*), según a cada cual se le antoje, cuando un pasaje resulte arduo para las costumbres o increíble para la fe».

c) *Ep.* 28:4: «Hemos de procurar, por lo tanto, que quien se acerque a conocer las divinas Escrituras sea tal y sienta de los libros santos tan sinceramente, que no ose deleitarse en pasaje alguno recurriendo a mentiras (*mendacia*) del ministerio; que pase por alto lo que no entienda, antes de preferir su propio parecer a la verdad (*veritati*) bíblica. Porque quien recurre a tal artilugio, prefiere que le crean a él, y obra así para que no creamos a la autoridad de las divinas Escrituras».

d) *Ep.* 28:5: «Yo podría mostrar, con todas las fuerzas que el Señor me infundiese, que todos aquellos textos que se citan para autorizar la utilidad de la mentira (*mendacii*) deben entenderse de modo diferente, para que siempre se mantenga incólume la verdad (*veritas*) de los textos. Porque si tales textos no deben ser mentiras (*mendacia*), tampoco pueden favorecer a la mentira (*mendacio*). Tal atención te la exige la piedad, que te hará ver que la autoridad de las divinas Escrituras vacila si en ellas cada uno cree lo que quiere y no cree lo que no quiere, por haberse persuadido una vez de que los autores por quienes nos fueron entregadas pudieron confundirse (*mentiri*) al escribir en algún caso».

e) *Ep.* 82:1:3[188]: «Confieso a tu caridad que solo a aquellos libros de las Escrituras que se llaman canónicos he aprendido a ofrendar esa reverencia y acatamiento, hasta el punto de creer con absoluta certidumbre que ninguno de sus autores se equivocó (*errasse*) al escribir. Si algo me ofende en tales escritos, porque me parece contrario a la verdad, no dudo en afirmar o que el códice tiene una errata (*mendosum*), o que el traductor no ha comprendido lo que estaba escrito, o que yo no lo entiendo. Mas, cuando leo a los demás autores, aunque se destaquen por la mayor santidad y sabiduría, no admito que su opinión sea verdadera (*verum*) porque ellos la exponen, sino porque lograron convencerme, recurriendo a los autores canónicos o a una razón probable que sea compatible con la verdad (*a vero*). No creo, hermano, que tú opines otra cosa; no creo, digo, que tú quieras que se lean tus libros como los de los profetas y apóstoles, libres de todo error (*omni errore*) y acerca de los cuales sería abominable dudar».

f) *Ep.* 82:2:5: «Por el contrario, he de leer con absoluta certidumbre, seguro de su verdad (*veritate*), la santa Escritura, colocada en la suma y celeste cumbre de la autoridad, y por ella conoceré con verdad a los hombres, ya los apruebe, ya los corrija, ya los reprenda. Mejor es eso que el convertir en sospechosas (*suspecta*) las palabras divinas, por opinar que no son represibles ciertas obras humanas en alguna persona de laudable excelencia».

g) *Ep.* 82:2:6: «Los maniqueos pretenden que son falsas (*falsa*) muchas de las divinas Escrituras».

h) *Ep.* 82:2:7: «[E]ste es el punto que atañe a la cuestión que ventilamos, a saber: que la verdad (*veritatis*) de las divinas Escrituras es por todas sus partes (*ex omni parte*) segura (*verax*) e indiscutible,

---

188 Charles Hill se refiere a este texto de Agustín como «inerrancia de verdad» ("The Truth Above All Demonstration," en Carson, *Enduring Authority*, 60).

puesto que los mismos apóstoles, y no cualesquiera otros, la encomendaron a nuestra memoria para edificar nuestra fe; por esa razón fue asimismo recibida en la cumbre canónica de la autoridad».

i) *Ep.* 82:2:8: «[…] porque veo que eso lo escribió Pablo, quien no pudo mentir (*quem mentitum esse non credo*)».

j) *Rép. Fausto* 11:5: «Solo de aquellos libros que escribimos nosotros, no con autoridad para imponer nada, sino como ejercitación para progresar, se puede afirmar que tienen algo que quizá no se ajusta a una verdad (*veritati*) más oculta y difícil de conocer, porque o bien quedó así o bien lo corrigieron los que vinieron después. Nos contamos entre aquellos a quienes dice el mismo Apóstol: *y si en algo tenéis otro parecer, también Dios os lo revelará.* Esta clase de escritos hay que leerlos libres de la necesidad de darles fe y con libertad para juzgarlos. Para no cerrar el paso y quitar a la posteridad el esfuerzo salubérrimo de lengua y estilo que exige el comentar y descifrar las cuestiones difíciles, se ha establecido la distinción entre los libros de los autores posteriores y la excelencia de la autoridad canónica del Antiguo y Nuevo Testamento, que afianzada desde los tiempos apostólicos por la sucesión de los obispos y los nacimientos de nuevas iglesias, se ha establecido como en cierta sede, a la que ha de servir toda inteligencia fiel y piadosa. Si algo crea dificultad en estos libros, no está permitido decir: "el autor de este libro no dijo verdad (*veritatem*)", sino "o el códice es mendoso, o se equivocó el traductor, o tú no entiendes". Por el contrario, en las obras de autores posteriores, contenidas en innumerables libros, pero que en ningún modo pueden equipararse a la excelencia sacratísima de las Escrituras canónicas, aunque se encuentre en cualquiera de ellas la misma verdad (*veritas*), su autoridad es muy distinta. De esa manera, si se piensa que, tal vez, algo en ellos se aparta de la verdad (*a vero*), porque no se entiende como se ha dicho, el lector u oyente goza de libertad de juicio para aprobar lo que le agrade o desaprobar lo que le desagrade. Por tanto, a nadie se reprochará que desapruebe o no quiera creer todas las cosas por el estilo que en dichas obras son objeto de discusión o de narración, a no ser que se defiendan con un argumento claro o con la autoridad canónica, y se demuestre o que es cabalmente así o que pudo serlo. En cambio, en aquella eminencia canónica de las sagradas Escrituras, si se muestra y se confirma con la Escritura canónica que un profeta, un apóstol o un evangelista, aunque se trate de uno solo, ha consignado algo en sus escritos, ya no se permite dudar de que es verdad (*verum*). De lo contrario, no habrá página alguna capaz de gobernar la ignorancia humana si a la autoridad salubérrima de los libros se la anula plenamente al despreciarla, o se la confunde al no estar bien definida».

k) *Arm.* 2:12:28-29: «La verdad del Evangelio obtuvo la cima supre-ma de la autoridad para la palabra de Dios que permanece eter-na e inmutable sobre toda criatura, palabra dispensada mediante la criatura a través de signos temporales y lenguas humanas. En este mismo hecho aparece —cosa que afecta al máximo a nuestro tema— que no debemos pensar que miente (*mentiri*) alguien si muchos que oyeron o vieron algo, al recordarlo, no lo refieren del mismo modo o con las mismas palabras; o si se cambia el orden de las palabras, o si se utilizan unas en lugar de otras, siempre que signifiquen lo mismo; o si se calla algo que o no viene a la mente a quien intenta recordarlo o puede deducirse de lo que se dice; o si alguien, en función del relato de alguna otra cosa que estableció decir, para ajustarse al tiempo debido, toma algo no para explicarlo en su totalidad, sino para tocarlo parcialmente; o si para ilustrar o explicar una sentencia, aquel a quien se le ha concedido autoridad para narrarla añade algunas palabras, no contenidos, o si tenien-do clara la idea, no logra, aunque lo intente, repetir de memoria en su integridad las palabras que incluso oyó. Alguien dirá que a los evangelistas se les debió conceder, ciertamente por el poder del (*per*) Espíritu Santo, no discrepar ni en la clase de palabras ni en el orden ni en el número. Ese no comprende que cuanto más desta-ca la autoridad de los evangelistas, tanto más había que afirmar, mediante ellos, la seguridad de otros hombres que hablan verdad. De modo que a nadie se le pueda tachar de mentiroso si, cuando relatan muchos la misma cosa, uno discrepa de otro, de tal mane-ra que puede ampararse incluso en el ejemplo precedente de los evangelistas. Como no es lícito juzgar o afirmar que mintió (*menti-tium*) alguno de los evangelistas, así aparecerá que tampoco mintió (*mentitium*) aquel a quien le haya sucedido en su memoria lo que se muestra que les sucedió a ellos. Y cuanto más se ajusta a las óptimas costumbres el precaverse de la mentira, con tanta mayor razón de-bíamos ser gobernados por tan eminente autoridad, para no pensar en una mentira (*mendacia*) en el caso de hallar que los relatos de algunos divergiesen (*variari*) entre sí tanto como varían los de los evangelistas. Y al mismo tiempo —lo que concierne sobre todo a la doctrina conforme a la fe— comprendiésemos que no hay que bus-car o abrazar tanto la verdad de las palabras (*verborum*) como la de los contenidos (*rerum*), si aprobamos que se mantienen en la mis-ma verdad (*veritatem*) los que no se sirven de la misma expresión, cuando no discrepan (*discrepant*) en los hechos y en las sentencias».

l) *Arm.* 3:13:43 (en §40-42 Agustín habla del problema de la hora en la que fue crucificado Jesús [Mr 15:25: tercera hora; Jn 19:14-16: sexta hora], y luego ofrece su solución) «Quien diga que no fue a la hora tercia cuando los judíos pidieron por primera vez su crucifixión a gritos, en su locura se manifiesta enemigo del Evangelio, a no ser que tal vez logre resolver la misma cuestión de otra manera. No tiene medios para demostrar que no era entonces la hora tercia, y por eso hay que creer antes al evangelista veraz (*veridico*) que a las sospechas contenciosas de los hombres. Si pregunta: "¿Cómo pruebas que fue a la hora tercia?", le respondo: "Porque creo a los evangelistas. Si también tú les otorgas fe a ellos, muestra cómo pudo ser crucificado el Señor a la hora sexta y a la hora tercia. A reconocer la hora sexta nos urge el relato de Juan; Marcos menciona la tercia. Si los dos les damos fe a ellos, muestra tú otra manera cómo pueden combinarse los dos datos; con sumo agrado asentiré. No amo mi sentencia, sino la verdad (*veritatem*) del Evangelio. Y ¡ojalá otros hallen soluciones numerosas a este problema! Hasta que eso se dé, sírvete conmigo de ésta, si te place. Si no se logra hallar ninguna otra, solo esta bastará; si se logra, una vez que se presente, elegiremos. Solo se requiere que no pienses que cae dentro de la lógica que cualquiera de los cuatro evangelistas haya mentido (*mentitus*) o, hallándose en tan alta y tan santa cima de autoridad, se haya equivocado (*erraverit*)».

3. Resumen

Al concluir nuestro estudio sobre la evidencia de la Iglesia primitiva, podemos volver a las preguntas planteadas en la Introducción.[189]

3.1. ¿Creyeron que la Biblia fue inspirada?

Sí. Creyeron que tanto el Antiguo Testamento como el Nuevo Testamento fueron inspirados (ἐμπνέω/ θεοφορέω/ θεόπνευστος/ πνευματοφορέω; *adspirata/inspirata*) por el Espíritu Santo. Según John Hannah, «Concordaron Justino Mártir, Ireneo, Clemente de Alejandría y Orígenes en la inspiración verbal plenaria de las santas Escrituras».[190] Según Wayne Spear, era

---

189 No he incluido todas las palabras clave del latín y griego, sino algunas de las más frecuentemente usadas.

190 "The Doctrine of Scripture in the Early Church," en Hannah, *Inerrancy*, 35.

Agustín quien afirmó que la inerrancia era el «resultado necesario» de la inspiración.[191]

3.2. ¿Cómo fue inspirada la Biblia con respecto a los papeles respectivos del Espíritu Santo y de los autores humanos?

El Espíritu Santo habló a través de (διά; *per*) los profetas y los apóstoles. La ilustración más empleada fue la de un músico tocando o soplando en un instrumento, como una lira o una cítara. Sin embargo, como explica John Hannah, «No implica que los Padres descartaron la dimensión humana; más bien intentaban expresar de manera ilustrativa la frase "inspirada por Dios" en 2 Timoteo 3:16 y "los santos hombres de Dios hablaron siendo inspirados por el Espíritu Santo" en 2 Pedro 1:21».[192]

3.3. ¿Había papel para el ser humano?

Sí, pero se daba mayor importancia al papel del Espíritu Santo. Mientras que en la modernidad se da mayor importancia al papel humano, en la Iglesia primitiva (y más allá) era todo lo contrario: «El entendimiento de la Iglesia primitiva sobre el modo de inspiración parece haberse acercado a la dictación».[193]

3.4. ¿Se contradicen las Escrituras?

En ninguna manera. No contiene discrepancias (διαφωνία; *adversus/ discrepantia*) ni contradicciones (ἐναντίος; *repugnare*). Al contrario, tiene concordia (*unitas/concordia*; συμφωνία). El hecho de que el Espíritu Santo era el autor principal de las Escrituras aseguraba que dichas Escrituras no se contradijeran.

3.5. ¿Contiene la Biblia errores?

No. La Biblia no contiene engaño ni error (*falsus/ mendacium/ erratum*; ἀπάτη) y no miente (ψεύδομαι; *mentire*). Al contrario, es verdad (ἀλήθεια; *veritas*). Sin embargo, había dos líneas de pensamiento con respecto a cómo definir un error. Por un lado, Orígenes y sus seguidores pensaban que el Espíritu Santo había puesto "errores" (superficiales, de nivel "corporal") en la Biblia a propósito con el fin de impulsar al lector a

---

191 "Augustine's Doctrine of Infallibility," en Hannah, *Inerrancy*, 65.

192 "The Doctrine of Scripture," 16.

193 Hannah, "The Doctrine of Scripture," 12.

buscar el "verdadero significado" más profundo, a saber, el espiritual.[194] Por otro lado, la mayoría de la iglesia (el mejor conocido siendo Agustín) pensaba que la Biblia fue totalmente libre de cualquier error, y que si les pareciera que hubiera un error en el texto preferirían concluir que se debía el "error" a uno de tres factores, a saber, o el manuscrito era defectuoso, o la traducción era defectuosa o su entendimiento del texto era defectuoso.

3.6. ¿Es la Biblia inerrante?

Pocos autores dicen explícitamente que la Biblia es inerrante, pero los siguientes datos nos llevan a concluir que la inerrancia era su postura. Como se notaba arriba, la mayoría de la Iglesia rehusó admitir que la Biblia contenía cualquier tipo de error. De hecho, tenemos varios ejemplos de autores defendiendo la veracidad de las Escrituras en cosas menores. Todos creían que la Biblia había venido de Dios por su Espíritu, lo cual implicaba necesariamente su veracidad. Eusebio de Cesarea y Juan Crisóstomo dicen explícitamente que la Biblia fue inerrante (ἀψευδές), y Eusebio añade que fue infalible (ἀδιάπτωτον). Agustín dice explícitamente que la Biblia ni miente (*mentire*) ni tiene errores (*errare*). Además, extiende la verdad (*veritas*) de las Escrituras por todas sus partes (*ex omni parte*).

Volviendo también a la perspectiva de varios expertos que dicen que la inerrancia es un fenómeno moderno, se ve claramente que dicha postura solo se puede afirmar desde una ignorancia total de la evidencia.[195] Como afirma D. A. Carson, «Ya es tiempo de que expertos dejan de intentar batir el vocablo "inerrancia" por ser un añadido tarde al debate».[196]

Preguntas para reflexionar

¿Afirma la Iglesia primitiva la doctrina de la inerrancia? ¿Cuáles son algunas de sus afirmaciones más claras al respecto?

194 Como explica Charles Hill, «La actitud receptiva de Orígenes en reconocer errores históricos "según la letra" no puede separarse de su enfoque hermenéutico particular y de su entusiasmo para llegar a las "realidades espirituales" de las cuales las realidades corporales son figuras. Irregularidades históricas simplemente alertan al lector que hay un significado espiritual más profundo para encontrarse. Por tanto, se puede entender cómo la búsqueda para descubrir tesoros espirituales para la Iglesia no solamente podría haber bajado su interés en resolver una discrepancia aparente, sino también podría haber magnificado dicha discrepancia» ("'The Truth'" en Carson, *Enduring Authority*, 57–58).

195 Así es como D. A. Carson ha respondido a los comentarios de N. T. Wright de que la inerrancia es un fenómeno moderno que proviene de Norteamérica ("The Many Facets of the Current Discussion," 23 en Carson, *Enduring Authority*).

196 "Many Facets," 23.

Agustín afirmó que «Si algo me ofende en tales escritos, porque me parece contrario a la verdad, no dudo en afirmar o que el códice tiene una errata, o que el traductor no ha comprendido lo que estaba escrito, o que yo no lo entiendo» (*Ep.* 82:1:3). ¿Dónde coloca Agustín la fuente del posible error, y dónde no? ¿Sirve para hoy sus opciones, o deben ser ampliadas?

Argumente sus respuestas.

IV

El canon de la Biblia

1. Introducción

Desde la Declaración de Chicago sobre la inerrancia de la Biblia, había muchas publicaciones a nivel académico —sobre todo en el mundo de habla inglesa o alemana— que defienden con conocimiento y destreza la doctrina histórica de la infalibilidad e inerrancia bíblica. Pero parece curioso que, con todo el debate sobre este tema tan importante, raras veces se menciona el tema de la formación del canon y de su forma actual.[197] Los 66 libros que componen la Biblia protestante simplemente se tomaron por sentado sin entrar en detalles.

En el otro extremo se encuentran teólogos como el suizo Emil Brunner que afirma que cada Iglesia en cada momento de la historia tiene la obligación de decidir de nuevo qué libros son vinculantes como base de doctrina y fe.

Lo cierto es que en la asignatura de bibliología, la formación y extensión del canon se puede considerar como el eslabón más débil, básicamente porque se ha dado por sentado que el canon fue cerrado en el siglo IV y que todo el proceso simplemente obedeció a la providencia divina, sin preocuparse más de los detalles o establecer parámetros que nos permitan evaluar este proceso de una forma coherente y definitiva.

El entendimiento evangélico de los criterios bajo los cuales los libros del Antiguo Testamento y sobre todo del Nuevo Testamento se reconocieron como canónicos, sigue básicamente la línea que en su momento se estableció por B. B. Warfield y la facultad teológica de Princeton, sobre todo por Charles y A. A. Hodge. Estos criterios se centraron casi exclusivamente en la cuestión de la apostolicidad: la Iglesia solamente había reconocido aquellos libros que eran apostólicos.

---

197 Las publicaciones más destacadas en este sentido son una serie publicada en Christianity Today el 5 de febrero de 1988 y los siguientes libros: R. Laird Harris *Inspiration and Canonicity of the Bible* (Grand Rapids, MI: Zondervan Publishing House, 1969); David Dunbar "The Biblical Canon", en D. A. Carson y John Woodbridge (eds.), *Hermeneutics, Authority and Canon* (Leicester: Inter-Varsity Press, 1986), 295-360; Norman Geisler y William Nix, *A General Introduction to the Bible* (Chicago, IL: Moody Press, 1968).

Warfield argumentó que el principio de la canonicidad no era la autoría apostólica, sino su autoría y aprobación.[198] Por esta razón, se podían incluir libros como Marcos, Lucas, Santiago, Judas y Hebreos. Warfield defendió la postura de que el canon de la Biblia, concretamente del Nuevo Testamento estaba concluido cuando Juan terminó de escribir el libro de Apocalipsis. Desde el punto de vista divino el canon estaba cerrado, aunque en cada caso la Iglesia tenía la tarea de asegurar el reconocimiento de la revelación divina. Y para esto era suficiente que se pudiera demostrar que la epístola fue escrita por Pedro y que la Iglesia la consideró desde el inicio como autoritativa.

Geissler y Nix elaboran 5 criterios —de los cuales voy a mencionar cuatro— para resumir la manera en la que se establecieron tácitamente los criterios para la formación del canon.[199] Digo "tácitamente" porque hasta el día de hoy desconocemos algún documento que los mencione explícitamente.

1.1. El criterio profético o apostólico[200]

Sin lugar a duda, es el criterio más importante: el carácter profético o apostólico de un libro. Si alguien era profeta reconocido de Dios, entonces era obvio para todo el mundo que sus escritos no provenían de su propia voluntad, sino del Espíritu de Dios (2Pe 1:20-21). Dios habló a los padres por los profetas (Heb 1:1) y cuando un libro era escrito por un apóstol, tenía que ser aceptado como canónico (Gá 1:1, 8-9, 11-12). Por otro lado, no existe ningún caso donde un libro profético o apostólico fuese rechazado como no canónico. Sin embargo, los creyentes rechazaron libros que no cumplieron el criterio de la apostolicidad inmediatamente (2Ts 2:2).

En el Antiguo Testamento se encuentran únicamente libros "proféticos" (escritos por un profeta). Moisés fue considerado profeta (Dt 18:15, 18). Los libros históricos y poéticos fueron escritos por profetas como Josué, Samuel, Jeremías y Esdras. También David y Daniel entran en la categoría de profetas. Esto es evidente si consideramos que la división más antigua del Antiguo Testamento no tenía tres partes (ley, profetas y escrituras), sino dos. Antes y durante el exilio babilónico los judíos hablaron de la ley de Moisés y de los profetas (Da 9:2, 6, 11; Zac 7:12; Neh 9:14, 29-30). También en el Nuevo Testamento encontramos casi siempre esta división del Antiguo

---

198 B. B. Warfield, "The Formation of the Canon of The New Testament," en *The Inspiration and Authority of the Bible* (Philadelphia: Presbyterian & Reformed Publishing Company, 1970), 415.

199 Geisler y Nix, *General Introduction*, 133-143.

200 *Ibid*, 139

Testamento (Mt 5:17-18; 22:40; Lc 16:16, 29, 31; 24:27; Hch 13:15; 24:14; 26:22). El Antiguo Testamento se compone, por lo tanto, exclusivamente de libros escritos por hombres con un ministerio profético.

Los libros del Nuevo Testamento fueron escritos también por hombres con un ministerio muy particular. De los ocho autores conocidos del Nuevo Testamento (excepción: Hebreos tiene un autor desconocido), tres eran discípulos del Señor (Mateo, Juan y Pedro) y, por lo tanto, apóstoles. Pablo era apóstol (Ro 1:5). Santiago, el medio hermano de nuestro Señor era apóstol (Gá 1:19). Judas, hermano de Santiago y, por lo tanto, medio hermano de Jesucristo, pertenecía al círculo de los apóstoles (Hch 15:27). Los evangelios de Marcos y Lucas fueron autorizados por Pedro y Pablo, respectivamente. Para el Nuevo Testamento el criterio de apostolicidad no significaba necesariamente que un apóstol tenía que haber escrito el libro personalmente, sino que fuese autorizado por los apóstoles. Eso explica la tardanza en admitir el libro de 2 Pedro al canon, porque durante algún tiempo la Iglesia dudaba de la autoría de Pedro. Cuando esta pregunta se decidió favorablemente, no hubo duda alguna de que formaba parte del canon.

1.2. El criterio de la autoridad[201]

A veces la llamada de un profeta no era obvia a primera vista o existían dudas en cuanto a la autoría de un libro, por ejemplo: en el caso de Hebreos. En un caso así, este criterio juega un papel primordial. Cada libro de la Biblia habla con tono autoritativo y en el nombre de Dios, muchas veces incluso usando las palabras "así dice el Señor". En los libros históricos encontramos afirmaciones autoritativas sobre los actos de Dios. En los libros de enseñanza leemos lo que los creyentes deben hacer. Los apóstoles y profetas ejercían la autoridad de su Señor (1Co 14:37; Gá 1:1, 12).

No es siempre fácil darse cuenta de la autoridad divina. Existen libros apócrifos que pretenden tener también carácter divino. Por otro lado, hay libros que a primera vista no parecen hablar con autoridad divina. Un ejemplo de esta categoría sería el libro de Ester, que ni siquiera menciona el nombre de Dios. Pero finalmente, los judíos se dieron cuenta de que la

---

201 *Ibid*, 138. Este criterio es similar a la autopistía de la doctrina reformada. Se trata de un concepto desarrollado por Calvino en el que se declara que la Escritura misma ha de ser suficiente para fundamentar su propia autoridad (*Institución de la Religión Cristiana*, I:6-10). Simplificándolo mucho, diríamos que el catolicismo romano en cambio defiende la necesidad de una tradición que verifique el texto sagrado mientras que el protestantismo expresa que es la Sagrada Escritura la que ha de juzgar a la tradición. La autopistía no excluye los apoyos externos, como son la fe del lector, el testimonio interno del Espíritu Santo, etc.

mano protectora de Dios para con su pueblo se manifestaba en el libro muy claramente y le fue concedido su lugar en el canon.

El hecho de que a veces se tardara bastante en tomar una decisión, nos demuestra hasta qué punto los líderes religiosos tomaban en serio su gran responsabilidad. Si existía la menor duda de la inspiración de un libro, este era descartado.[202]

1.3. El criterio del contenido

El contenido del libro tenía que demostrar un carácter espiritual y, servir para la edificación y renovación de las iglesias. Este aspecto no siempre fue reconocido inmediatamente. Por ejemplo: el Cantar de los Cantares no fue admitido en el canon hasta que quedó claro que su contenido no era solamente sensual, sino que contenía enseñanzas muy profundas y espirituales.

1.4. El criterio de la exactitud histórica y dogmática

Este criterio fue usado sobre todo en el sentido negativo. Si un libro contenía errores o contradicciones con revelaciones reconocidas y dadas con anterioridad, no era considerado inspirado, por la simple razón de que la Palabra de Dios no puede contener errores o contradicciones.

El libro de Judit está repleto de inexactitudes y errores históricos y otros libros como 2 Macabeos contienen recomendaciones para adorar o sacrificar a los muertos. Si un libro no contenía error, esto todavía no significaba que se trataba de un libro inspirado. Pero si el libro contenía errores o contradicciones, entonces automáticamente era descartado. Por lo tanto, la gente de Berea comprobó con cuidado la doctrina de Pablo para saber si la "nueva doctrina" coincidía con las revelaciones antiguas (Hch 17:11).

El punto débil de esta aproximación al problema de la canonicidad es el hecho sencillo de que se trata de una aplicación a posteriori.[203] Herman Ridderbos incluso advierte que la aplicación de estos criterios puedan crear algo como un canon por encima del canon.[204]

202 Geisler y Nix, *General Introduction*, 140. Geisler y Nix insisten que el uso de un pseudónimo como medio literario no necesariamente excluiría un libro del canon. Como ejemplo se refieren al libro de Eclesiastés que en opinión de muchos expositores de la Biblia no viene de Salomón sino de un personaje desconocido que escribe usando su nombre. Esto sería permisible porque no implica ningún tipo de engaño moral. Personalmente discrepo completamente de este tipo de razonamiento.

203 Herman Ridderbos, *The Authority of the New Testament Scriptures* (Philadelphia: Presbyterian & Reformed Publishing Company, 1963), 46-47.

204 *Ibid.* 39.

Ridderbos llega, por lo tanto, a la conclusión de que un juicio histórico o un criterio a posteriori no pueden ser la base de un argumento a favor de la aceptación del canon del Nuevo Testamento, porque significaría que la Iglesia pone su fe en los resultados de una investigación histórica.[205]

2. La formación del canon del Antiguo Testamento

En el detalle nos es imposible saber con exactitud cómo se llevó a cabo la formación del canon del Antiguo Testamento. Sin embargo, podemos diferenciar entre cuatro fases que están relacionadas, pero a la vez bien discernibles: comunicaciones vinculantes, fijación de las comunicaciones vinculantes, colección de los documentos y establecimiento del canon y de sus límites.

2.1. Comunicaciones vinculantes

El principio de la canonicidad como una colección de escritos vinculantes para la fe, tiene su origen en Israel con la entrega de la Ley en el Monte de Sinaí. Dios comunicó su voluntad de una forma clara y el pueblo se comprometió solemnemente a obedecer. Acto seguido Moisés puso todo por escrito (Éx 24:3-8). En dicho pasaje podemos diferenciar cinco pasos:

- Mandamientos claramente definidos por parte de Dios (3a)
- Compromiso del pueblo a obedecer (3b)
- Redacción (4a)
- Lectura del escrito y aprobación por parte del pueblo (7)
- Pacto solemne (8)

Teológicamente se establece de esta manera una conexión entre revelación, obediencia y canon en el marco de un pacto solemne.

2.2. Fijación de las comunicaciones vinculantes

Todo esto se confirma en el final del ministerio de Moisés. Deuteronomio 31:24-26[206] nos indica que Moisés escribió todas estas palabras en un libro. La autoridad vinculante de este libro fue confirmada por Josué (Jos 1:8).

205 *Ibid.* 36.

206 Un milenio antes de Abraham, existían tanto en Mesopotamia como en Egipto sistemas de escritura. En la época de Moisés se habían simplificado. Canaán estaba bajo

El descubrimiento de la Ley en el año 18 del reinado de Josías (621 a. C.) marcaba un hito en el desarrollo del canon (2Re 22:8ss). Muy a diferencia de los reyes de Egipto y Asiria que tenían la tendencia de equiparar su voluntad con la ley de sus imperios, Josías se somete a la autoridad de la Ley de Dios como algo inevitable (2Re 23:3).[207] Esto corresponde al mandamiento dado en Deuteronomio 17:18-20: una copia de la Ley debía estar al alcance del rey y tenía la obligación de leerla regularmente.

A la comunicación de la voluntad de Dios por la Ley se añaden a lo largo de los siglos tanto las crónicas escritas a partir de los tiempos de Josué como las revelaciones y palabras que los profetas reciben de parte de Dios.

2.3. Colección de los documentos

La división tradicional del Antiguo Testamento en ley, profetas y escritos (*torah, nebiim* y *ketubim*) puede ser un indicio de etapas diferentes en la formación del canon y no depende necesariamente de los respectivos contenidos. Podemos partir del hecho de que el Pentateuco (*torah*) ya tenía la forma que conocemos hoy al final de la vida de Moisés. Esto no excluye que hasta los tiempos de Esdras se incluyeran adaptaciones del vocabulario y de nombres geográficos.

A Esdras se le describe como escriba (סֹפֵר) en la Ley de Moisés. De esto queda claro que la Ley de Moisés ya se considera como texto autoritativo que viene de parte de Dios.

Con el permiso de Artajerjes, Esdras viaja a Jerusalén con la intención de ver si los preceptos de la Ley se están llevando a cabo. Todo lo que leemos en el capítulo 7 de Esdras, nos indica el hecho de que la Ley ya estaba aceptada como fuente de revelación divina y que se esperaba la obediencia a sus preceptos (p. ej. 7:14, 23, 25-26). No leemos ni una palabra que Esdras tenía que atribuir a documentos ya existentes una autoridad que antes no tenían. Tampoco hay ni el indicio más mínimo en el texto de Nehemías 8-10 que aquí tenemos el relato de cómo la Ley se convirtió en texto canónico. Más bien vemos que Esdras trae la copia de la Ley de Moisés[208] a petición del pueblo y procede a su lectura. Cuando ellos se enteran de su contenido, rompen a llorar. Eran palabras serias y Esdras explicaba su contenido durante la lectura. En el segundo día se juntaron los líderes con

---

la influencia del alfabeto fenicio en la vanguardia de este desarrollo, como nos documentan los descubrimientos de los documentos escritos de Ugarit.

207 Esto ya fue así en el caso de David; cf. 2Sa 12:7-13.

208 Neh 8:1.

Esdras para entender la Ley.[209] El resultado inmediato fue la celebración de la fiesta de tabernáculos.

También en Nehemías 10:29 se ve que la Ley se considera algo ya muy antiguo. Todo el mundo aceptaba que fue revelado por Dios y entregado a Moisés. Nadie dijo algo como "A partir de hoy declaramos estos escritos como inspirados y autoritativos". Más bien la idea fue que lo que acaba de leerse ya fue recibido siglos atrás como textos autoritativos a los cuales el pueblo tenía que obedecer. En el libro apócrifo de 4 Esdras se cuenta cómo en la destrucción de Jerusalén todas las sagradas Escrituras fueron quemadas y cómo Dios de forma milagrosa revelaba todo su contenido de nuevo a Esdras. Aunque —por supuesto— tenemos que rechazar tanto la canonicidad de este libro como la veracidad de su contenido, por lo menos nos demuestra varias cosas:

1. La Ley fue reconocida como autoritativa y canónica antes de la destrucción de Jerusalén.

2. En el libro de 4 Esdras ya se hace una distinción entre los libros canónicos —que corresponden a nuestro Antiguo Testamento— y otros libros no inspirados que escribió Esdras supuestamente.

3. En los tiempos de Esdras todo el Antiguo Testamento ya había sido escrito.[210]

El Talmud babilónico menciona[211] que Esdras escribió «este libro» y también hace referencia a los autores de Ezequiel, los profetas menores, Daniel y Ester.

En 2 Macabeos 2:13ss se menciona que Nehemías era el fundador de una biblioteca y que en ella se encuentran escritos acerca de reyes y profetas.[212]

En resumen, podemos decir que históricamente no se encuentra ningún documento que apoya la idea —tan popular en la teología contemporánea— de que Esdras de alguna manera canonizaba el Antiguo Testamento o una parte de ella. Más bien todo lo contrario: todas las pruebas que se encuentran indican que Esdras y sus contemporáneos ya daban por hecho la voz autoritativa y canónica de los escritos del Antiguo Testamento.

---

209 Neh 8:13.

210 Una detallada exposición de estos hechos se encuentra en Edward J. Young, "The Canon of the Old Testament," en Carl F. H. Henry (ed.), *Revelation and the Bible. Contemporary Evangelical Thought* (Grand Rapids: Baker, 1958 / London: The Tyndale Press, 1959), 155-168.

211 Baba Bathra 14b-15a.

212 Gerhard Charles Aalders, *Oudtestamentische Kanoniek* (Kampen, 1952), 31.

Simplemente no existe ninguna declaración de ningún concilio de los tiempos del Antiguo Testamento donde a un libro contenido en el canon se le concedía la canonicidad en un momento determinado.

Los profetas (*nebiim*) se dividen en dos partes: los profetas anteriores y los profetas posteriores. Los profetas anteriores (*nebiim rishonim*) es la parte del Antiguo Testamento que para nosotros son los libros históricos: Josué, Jueces, Samuel y Reyes. Los profetas posteriores (*nebiim ajaronim*) son los tres grandes profetas Isaías, Jeremías y Ezequiel y los doce profetas menores. Los últimos cabían en un solo rollo de papiro. Hay indicios de que cada grupo fue puesto en su lugar correspondiente con la intención de formar una unidad.

La redacción final de los profetas anteriores cuenta la historia desde la ocupación de Canaán hasta el exilio de Babilonia, por la sencilla razón de que el último acontecimiento que relata es la liberación de Joaquín de su cautiverio (2Re 25:27-30). Y esto nos lleva al año 561 a. C., unos 25 años después de la destrucción de Jerusalén.

Es posible que una primera redacción parcial se haya llevado acabo después de la caída de Israel en 722 a. C., y el breve comentario de 2 Reyes 17:7-23 habla en su favor. Los comentarios de Josué 1:7 y de Malaquías 3:22 presuponen la existencia de la *torah* como una unidad.

En cuanto a los profetas posteriores, todo indica que ya en los tiempos de Esdras se puso todo en el orden que conocemos hoy. Sin embargo, tenemos que reconocer que no existen datos en el mismo texto del Antiguo Testamento.

Poco después del año 200 a. C., el abuelo de Jesús: Sirac; conoce el libro de los doce profetas menores. En la parte que se conoce como la "alabanza de los padres" (*laus patrum*) escribe: «En cuanto a los doce profetas: ¡que sus huesos revivan en sus tumbas, porque ellos consolaron a Jacob y lo salvaron con esperanza confiada!».[213]

En 1952 se encontró en *Wad al-Habra* un rollo de la LXX que contiene también los doce profetas menores cuya datación nos lleva a la mitad de siglo III a. C.

Más complicada se nos presenta la situación de los *ketubim* porque aquí se juntan libros con un contenido muy diverso. Salmos, Proverbios y Job; son escrituras de oración y sabiduría. Los cinco libros Cantar de los Cantares, Rut, Lamentaciones, Eclesiastés y Ester se escribieron en rollos separados (los *megillot*). Daniel es el único profeta de los *ketubim*. Esa parte de la Biblia hebrea se cierra con los libros históricos de Esdras, Nehemías y

---

213 Ecl 49:10; trad. Sagrada Biblia: versión oficial de la Conferencia Episcopal Española (2014).

Crónicas. Hay indicios que nos hacen suponer que Crónicas cierra inten-
cionalmente el canon del Antiguo Testamento.[214]

El Salmo 1, con el cual comienza la tercera parte del canon del Antiguo
Testamento, empieza con una referencia al hombre piadoso que piensa en
la Ley día y noche. Esa idea recoge precisamente el mandamiento dado
a Josué (1:8).[215] Al mismo tiempo se refiere al final de la parte de los *nebiim*, donde Malaquías critica precisamente el rechazo de los sacerdotes a
la *torah*.

La mayor parte de los *ketubim* se escribieron durante o después del exilio. Pero por supuesto hay salmos que remontan a los tiempos de Moisés
o David y también el libro de Rut tiene una edad mayor. Es difícil saber
cuándo finalmente recibió su forma actual. De nuevo, todo indica hacia
Nehemías y sobre todo a Esdras que ponen mucho énfasis sobre la importancia y autoridad de las sagradas Escrituras (Esd 7 y Neh 8-10). Tanto
Josefo,[216] como el talmud babilónico,[217] mencionan que ambos contribuye-
ron de forma decisiva en la formación del canon del Antiguo Testamento.

2.4. El establecimiento del canon y de sus límites

Es interesante que el prefacio de la traducción griega de Eclesiástico ya
sabe de la división del *tanaj* en tres partes. Además, las alusiones y citas
de Eclesiástico nos indican que el autor conocía prácticamente todos los
libros del Antiguo Testamento. El fragmento 4Q397 de Qumran habla del
«libro de Moisés, los libros de los profetas y David», tomando en cuenta
que "David" es sinónimo de los salmos, aunque bien es verdad que la
lectura no es cierta porque hay lagunas en el texto, y algunos expertos lo
han reconstruido de manera diferente.[218] Por cierto, Lucas 24:44 apunta
exactamente en la misma dirección, porque los salmos eran el punto de
partida de los *ketubim*.

En el Nuevo Testamento se refiere Jesús a la Ley, los profetas y los escritos (Lc 24:44). A veces también tenemos la expresión la "Ley y los Profetas"
(Mt 5:17 y Lc 16:16) y es sinónimo de todo el canon hebreo. Es un dato
curioso que los autores del Nuevo Testamento (igual que Filón y Josefo)

---

214 H. J. Koorevaar, "Die Chronik als intendierter Abschluss des alttestamentlichen
Kanons", Jahrbuch für evangelikale Theologie, 11 (1977): 42-76.

215 B. Weber, "Der Beitrag von Psalm 1 zu einer Theologie der Schrift", Jahrbuch für
evangelikale Theologie, 20 (2006): 83-114.

216 Contra Ap. 1:8.

217 Baba Batra 14b; cf. también 2 Mac 2:13; 2 Esd 14.

218 [22] Por ej., Eugene Ulrich, "The Non-attestation of a Tripartite Canon in 4QMMT,"
CBQ 65 nº 2 (2003): 202-214.

jamás citan directamente a ningún libro de los apócrifos (la cita de *Enoc* o de la *Asunción de Moisés* en la epístola de Judas no entran en esta categoría porque ambos libros jamás formaron parte del círculo de escritos que luego entran en la LXX como "apócrifos"). Todo indica que desde los tiempos de Esdras y Nehemías el contenido del canon hebreo era idéntico con lo que hoy consideramos el Antiguo Testamento. De la misma manera, no se encuentran indicios ni en los escritos de Josefo, ni en los de Filón de que ellos tuvieran a mano otro canon que el que tenemos ahora en cuanto al Antiguo Testamento.

Un indicio importante en este contexto es el tratado del talmud babilónico que conocemos bajo el nombre de *Baba Batra*. Este texto puede venir del final del siglo I o el inicio del siglo II d. C.[219] Presupone la existencia de un canon dividido en tres partes y se enumeran los libros correspondientes y sus respectivos autores. Todos estos libros forman parte del canon que contienen las Biblias protestantes. A veces se lee que los judíos no habían concluido el canon incluso en los tiempos del Nuevo Testamento, pero si examinamos bien los hechos, nos damos cuenta de que no era así.

La razón es que muchas veces hay referencias al sínodo de Jamnia (a veces escrito Jabneel o Jabne) en el sudoeste de Judá donde se puso en orden la herencia judía después de la destrucción de Jerusalén en el año 70 d. C. Sin embargo, la idea del "sínodo" ha sido puesta en duda últimamente. Porque supuestamente, Johanan ben Zakkai se había retirado con el permiso de los romanos a Jamnia antes de la destrucción de Jerusalén para fundar una escuela teológica.

A partir del año 70 d. C., el judaísmo había perdido el templo, el sacerdocio, los sacrificios y la autonomía estatal. La identidad judía dependía más que nunca de las Escrituras Sagradas. Por el auge del cristianismo desde dentro del judaísmo era de nuevo necesario dejar claro la extensión del canon. El proceso que llevaba a esta decisión no está nada claro. De hecho, caben dudas de si realmente se puede hablar de un sínodo.

Con toda probabilidad se apoyaron simplemente reconociendo las Escrituras que desde hace generaciones fueron leídas en los cultos de las sinagogas. En el caso de algunas Escrituras surgieron dudas de su permanencia en el canon: Ester (que ni siquiera menciona el nombre de Dios), Eclesiastés (cuyo escepticismo y hedonismo no cayeron muy bien en algunos círculos), el Cantar de los Cantares (por su lenguaje erótico) y posiblemente algunas partes de Ezequiel (c. 40-48) y de Proverbios.

Es importante constatar que nunca se debatió si nuevos libros debieran ser reconocidos como canónicos, sino más bien si los libros actuales

---

219 El talmud babilónico se cierra en el siglo V. Las partes individuales no son fáciles de datar. El hecho de que es una baraita implica que se remonta a los ss. I-II.

debieran todos permanecer en el canon. Con todo lo que sabemos a día de hoy, sin embargo, nunca hubo ninguna decisión formal del supuesto "sínodo".[220]

Si resumimos todo, podemos constatar que el judaísmo se vio obligado a dar legitimidad al canon del Antiguo Testamento tal y como lo conocemos a día de hoy. Y esto es un dato curioso. Porque en el año 90 d. C., todos los libros del Nuevo Testamento ya existían —esta es por lo menos, la convicción del autor. Y esto significa que técnicamente el canon del Antiguo Testamento no estaba formalmente cerrado cuando por providencia divina se revelan los 27 libros del Nuevo Testamento. Esto quiere decir: realmente es el cierre de una sola colección y no la añadidura a una colección de libros inspirados ya en sí concluidos. Por decirlo de una forma más clara: no estamos hablando de un canon dividido en una parte judía y otra cristiana, sino en un canon único. La idea de una época de 400 años entre los testamentos nos ha llevado a una percepción equivocada.[221]

De esta manera se toma en cuenta la formación del canon bajo los aspectos de la historia soteriológica. Esto se ve en el cambio de la secuencia de los libros del canon hebreo al canon cristiano: los libros proféticos vienen al final y enfatizan de esta manera el cumplimiento de su contenido en los 27 libros del Nuevo Testamento.

Podemos constatar también que, aunque la LXX contiene los libros "apócrifos", no se puede hablar de un canon judío amplificado. Con la excepción de unos pocos fragmentos de la LXX de Qumrán,[222] la inmensa mayoría de manuscritos de la LXX nos viene del siglo IV d. C. y fueron copiados por cristianos y no por judíos.

2.5. Los libros apócrifos

Ahora surge la pregunta: ¿por qué se descartaron en el Antiguo Testamento los libros que conocemos en el mundo protestante como libros apócrifos?[223]

220 Aage Bentzen, Introduction to the Old Testament (Copenhagen 1948), 20-41; Peter Schäfer, "Die sogenannte Synode von Jabne", Judaica 31 (1975): 54-64. 116-124.

221 Peter Stuhlmacher, Biblische Theologie des Neuen Testaments (Göttingen: Vandenhoeck & Ruprecht, 1999), 2:292.

222 Hay que tomar en cuenta que solo una pequeña porción de los más de 1.000 manuscritos de las 11 cuevas de Qumrán está escrita en griego.

223 Véase William Henry Green, General Introduction to the Old Testament: The Canon (New York: Charles Scribner's Sons, 1898).

La respuesta simple es: porque estos libros sencillamente no fueron reconocidos como libros inspirados.[224] Esta afirmación, sin embargo, implica una serie de preguntas como: ¿cómo se puede decidir si un libro es inspirado? ¿Se puede descubrir siempre que un libro es inspirado? ¿Cómo se puede afirmar que Ester y el Cantar de los Cantares son inspirados?

Las respuestas a estas preguntas no son fáciles. Afirmamos que Dios en su providencia cuidaba de este tema de una forma que no siempre es explicable e históricamente trazable. El hecho es que el pueblo judío hizo finalmente una clara diferenciación entre estos libros y los libros apócrifos, decisión que posteriormente nunca fue puesta en duda.

En el caso de los libros apócrifos, el asunto era distinto. No hay nada en contenido de estos libros que apunta a características que indican su origen divino. Y se pueden dar algunos ejemplos:

- Tanto Judit como Tobit contienen errores históricos, cronológicos y geográficos. Ambos libros justifican la falsedad y la decepción y enseñan la salvación por méritos. En el libro de Tobit se afirma, por ejemplo, que dar limosnas libera de la muerte (Tob 4:10; 12:9; 14:10-11).
- Judit vive una vida de falsedad y decepción en la cual Dios supuestamente la apoya (9:10, 43).
- Eclesiástico y la Sabiduría de Salomón enseñan una ética circunstancial. Sabiduría enseña que el mundo fue creado de materia preexistente (11:17) y que las limosnas tienen el poder de quitar pecados (3:30).
- El libro de Baruc enseña que Dios escucha las oraciones de los muertos (3:4).
- 1 Macabeos contiene errores históricos y geográficos.

Al mismo tiempo no negamos que todos estos libros también contienen cosas buenas y recomendables. Pero esto no es suficiente para que reciban el estatus de libros inspirados por Dios. Y, por lo tanto, los judíos nunca los consideraron como tales y es por lo menos un dato interesante que ningún autor del Nuevo Testamento los cita.

No han faltado intentos para establecer una serie de criterios que supuestamente puedan haber servido de guía para los judíos a la hora de aceptar o rechazar determinado libro como canónico. Por ejemplo, existe

---

224 Para un análisis más profundo del tema de los libros apócrifos recomiendo Bruce Metzger, *An Introduction to the Apocrypha* (Oxford University Press, 1957). Metzger trata 1 y 2 Esdras, Tobit, Judit, textos añadidos a Ester y la Sabiduría de Salomón. Véase también Young, "Canon", en Henry, *Revelation and the Bible*, 155-168.

la opinión que para resaltar la importancia del segundo templo se coleccionaba la literatura hebrea y de esta manera formaba el canon. Pero queda la pregunta: ¿por qué no se han incluido libros como "Jashar"?

Tampoco era importante el criterio del lenguaje. Hay una tremenda variedad entre los libros canónicos del Antiguo Testamento, desde las expresiones literarias de Isaías que a veces son muy complejas y difíciles de entender y, por otro lado, tenemos la mitad del libro de Daniel que fue escrito en arameo que era el idioma de la gente normal y corriente.

Tampoco se admitió al canon una obra de forma automática simplemente porque coincidió con la Ley de Moisés. Se menciona en 2 Crónicas 9:29 las palabras del profeta Natán. No cabe duda que estaban en consonancia con la Ley, pero sin embargo su libro no se encontró en el canon.

Muchas sugerencias se han hecho[225] y ninguna sabe explicar los criterios que nos facilitaron finalmente los 22 libros (según el canon hebreo) del Antiguo Testamento. Simplemente nos queda por constatar con las palabras de 2 Pedro 1:19-21 que es Dios quien en su soberanía iniciaba y vigilaba el proceso de la formación del canon. Tenemos que reconocer que al día de hoy nos faltan muchos detalles por conocer. Pero finalmente tenemos el resultado de este proceso que entre los judíos y la Iglesia primitiva jamás ha sido disputado. Y esto sí que tenemos claro.[226]

En resumidas cuentas podemos decir que en los tiempos de Jesucristo, el canon judío contenía justamente los 39 libros que se encuentran en nuestro Antiguo Testamento. La Iglesia cristiana simplemente ha usado lo que los mismos judíos ya consideraban Escrituras inspiradas (véase la cita de Pablo de 2 Timoteo 3:16).

En este contexto es interesante la cita de Jesucristo en Mateo 23:35 (cf. Lc 11:51) donde se habla de la sangre vertida de los profetas desde Abel a Zacarías. Y Zacarías seguramente no era el último profeta cronológicamente hablando, pero en cuanto al canon hebreo sí, ya que 2 Crónicas cerraba el canon del Antiguo Testamento.

Es un hecho curioso que el canon del Antiguo Testamento no está concluido y casi clama por una conclusión al estilo del Nuevo Testamento.

---

225 J. L. Koole, *Het Probleem van de Canonisatie van het Oude Testament* (Kampen: Kok, 1955), 21.

226 Edward J. Young, "The Canon of the Old Testament", en Henry, *Revelation and the Bible*, 155-168.

3. La formación del canon del Nuevo Testamento

Como vimos en la introducción, los debates en torno al canon del Nuevo Testamento van en una de las dos direcciones: por un lado, tenemos la línea de Warfield, Geisler y Nix que enfatizan la existencia de unas normas objetivas de parte de Dios. En este sentido, la idea del canon enfatiza la autoridad inherente de cada escritura. La segunda línea parte del significado original de la palabra "canon" y enfatiza el desarrollo formal del canon en el sentido de una lista completada, una colección autoritativa y cerrada a la cual nada se puede añadir.[227] Esta segunda línea considera al proceso formal de reconocimiento y ve a la Iglesia de alguna manera como el organismo que autoriza la colección.

La idea general entre los evangélicos es ver el desarrollo del canon del Nuevo Testamento como un crecimiento gradual cuyo cierre se lleva a cabo por algún pronunciamiento oficial y autoritativo. La carta de Atanasio del año 367 d. C. es considerado generalmente como el documento que fijó el canon en el oriente y la decisión del concilio de Cartago en el occidente se considera como el cierre del canon latino.

Resume Youngblood en un artículo de Christianity Today así: "El reconocimiento más temprano de los 27 libros del Nuevo Testamento con autoridad canónica a lo cual nada se puede añadir o restar es la lista de Atanasio del año 367 d. C. El sínodo de Hipona (393 d. C.) y el tercer sínodo de Cartago (397 d. C.) se pronuncian de forma igual, probablemente bajo la influencia del famoso Agustín".[228]

Sin embargo, con todo esto, jamás debemos olvidar que en la Iglesia primitiva existió ya una autoridad antes de la existencia del canon del Nuevo Testamento: era la autoridad del canon hebreo en la cual se apoyaron Jesucristo y los apóstoles. La Iglesia en este sentido no se edifica sobre los documentos apostólicos, sino sobre su doctrina que ellos mismos extraen del canon cerrado de lo que nosotros llamamos el Antiguo Testamento. Y en el periodo pos apostólico nos encontramos con un énfasis muy grande

---

227 Bruce Metzger menciona que el término "canon" tenía un sentido tanto material como formal: "los escritores eclesiales durante los primeros tres siglos usaban la palabra κανών en referencia a los que para la fe cristiana era una ley interior y una norma vinculante de contenido de fe (regla de fe o regla de verdad). A partir del siglo IV la palabra también se usa en conexión con las Escrituras sagradas del Antiguo y Nuevo Testamento. [...] El significado formal de κανών como 'lista' se impuso primero porque de otra manera hubiera sido difícil explicar el uso del verbo κανονίζειν (incluir en el canon) cuando se aplicaba a libros en particular y a los libros de forma colectiva" (*The Canon of the New Testament* [Oxford: Clarendon Press, 1987], 293 [traducción del autor]).

228 Ronald Youngblood en Christianity Today, "The Process: How We Got Our Bible," edición del 5 de febrero.

sobre la tradición apostólica que a su vez se basa en la voz profética del Antiguo Testamento.[229]

En la medida en la que los apóstoles murieron, esta tradición apostólica se debilitaba y, por lo tanto, los documentos que ellos escribieron o apoyaron, cada vez llegaron a ser más importantes en la Iglesia. Sin lugar a duda, la primera "Biblia" para la Iglesia era las Escrituras del Antiguo Testamento que los apóstoles y el Señor Jesucristo interpretaron de forma cristocéntrica. Adicionalmente, encontramos en el Nuevo Testamento algunos casos de libros del Nuevo Testamento que se ponen al mismo nivel con la revelación del Antiguo Testamento.

En 2 Pedro 3:16, el apóstol se refiere a los ignorantes e inestables que tuercen las epístolas de Pablo para su propia destrucción como lo hacen con el resto de la Escritura.[230] La segunda referencia es 1 Timoteo 5:18, donde Pablo se refiere a una cita de Deuteronomio 25:4 con una cita de Lucas 10:7, citando ambos como Escritura. Esto nos indica que ya en los tiempos de los apóstoles, sus escritos fueron vistos a la misma altura que el Antiguo Testamento. Estrictamente hablando, no estamos ante una nueva colección de Escritura, lo que llamamos el Nuevo Testamento, sino que esto se añade al canon ya existente, lo cual indica que aún el canon no está cerrado.

La primera evidencia sólida de un canon del Nuevo Testamento en el sentido de una colección autoritativa, curiosamente no viene de parte de la Iglesia apostólica u ortodoxa sino de un hereje del segundo siglo: Marción. Su actitud antijudía le llevó a rechazar todos los Evangelios con excepción de una versión "purificada" de Lucas (que él atribuye a Pablo) y diez de las epístolas de Pablo. Esta amenaza herética obligó a la Iglesia a tratar el tema de los escritos inspirados de parte de Dios. Y lo que nos ha llegado es el conocimiento de Canon Muratoriano, que fue publicado en la mitad del siglo segundo d. C.[231] Ese canon contiene una lista de aquellos libros bíbli-

---

229 En el NT encontramos ocasionalmente la preferencia de una visita ante la redacción de una carta. En Gá 4, Pablo explica su deseo de estar con los gálatas. En otros lugares encontramos la misma mentalidad (p. ej. en 1Ts 3). En otras ocasiones era más conveniente escribir una carta que hacer una visita (p. ej. 1Co). Para más detalles, véase F. F. Bruce, "Some Thoughts on the Development of the New Testament Canon", *Bulletin of the John Rylands Library* 65 (1983): 39.

230 *Ibid.*

231 Aunque lo tenemos hoy como un fragmento, evidentemente contenía originalmente los cuatro Evangelios, trece epístolas paulinas, Judas, dos cartas de Juan, Sabiduría y el Apocalipsis de Juan y Pedro (Bruce, "Some Thoughts", 57). Albert Sundberg cree que el Canon Muratoriano no es un canon temprano occidental sino más bien un producto oriental del siglo IV. Si esto fuera verdad, entonces se perdería una pieza clave de evidencia de la formación del canon ("The Bible Canon and the Christian Doctrine of Inspiration", *Interpretation* 29 [1975]: 362). Sin embargo, F. F. Bruce ha rechazado tajantemente la validez del análisis de Sundberg del origen del documento por razones

cos que la Iglesia primitiva consideraba como autoritativa. La lista incluye los cuatro evangelios, 13 epístolas de Pablo, Judas, dos epístolas de Juan, un libro llamado "Sabiduría" y el Apocalipsis de Juan y de Pedro.

Otro factor que favoreció la formación del canon del Nuevo Testamento era teológico. El movimiento montanista que reclamaba una revelación continua se apoyaba mucho en el libro de Apocalipsis. A raíz de esto, la Iglesia de Siria rechazó dicho libro, aunque anteriormente lo había aceptado como autoritativo. La misma cosa ocurre también con otras iglesias. De esta manera se pensaba quitar argumentos a los heterodoxos.

Otro factor que hay que tomar en cuenta en la formación del canon del Nuevo Testamento es el fenómeno del Diatesseron de Tatiano. Tatiano era discípulo de Justino Mártir. Tomó los cuatro evangelios y formó de ellos un solo tomo, una armonía de los evangelios. Hasta el siglo V, esta obra sustituyó los cuatro evangelios en la Iglesia de Siria, hasta que finalmente se reintrodujeron los cuatro evangelios.[232]

La carta de Atanasio (alrededor de 367 d. C.) es muy conocida por contener la primera lista completa de los actuales 27 libros del Nuevo Testamento. Treinta años más tarde, el sínodo de Cartago —bajo la influencia del gran teólogo Agustín— llegó a una conclusión similar.

De esta manera, teólogos de diferentes iglesias del Imperio romano establecieron para todos los tiempos los límites del canon del Nuevo Testamento.[233]

Sin embargo, hay algunos problemas que tenemos que reconocer. En primer lugar, los sínodos de Hipona y Cartago no eran concilios ecuménicos, sino asambleas locales cuyas decisiones en un principio no transcendieron más allá. Es cierto que la carta de Atanasio nos facilita el criterio de un personaje clave de la Iglesia primitiva. Pero estrictamente hablando, su criterio no era vinculante para la Iglesia oriental. De hecho, las iglesias orientales jamás llegaron a una decisión final sobre la extensión del canon.

---

lingüísticas ("Some Thoughts", 57-59). Metzger (*Canon*, 193), Childs (*The New Testament as Canon*, 238) y Edward Ferguson ("Canon Muratori; Date and Provanence" *Studia Patristica* 18 [1982]: 677-683) están todos de acuerdo con la postura de F. F. Bruce. Véase también "The Making of the New Testament Canon", *The Interpreter's One Volume Commentary on the Bible* (Nashville, TN: Abingdon, 1971), 1223.

232 J. A. Lamb, "The Place of the Bible in the Liturgy" en *The Cambridge History of the Bible* (Cambridge: Cambridge University Press), 1:567. Sin embargo, otro factor que afectó la colección de los libros en una entidad era la introducción del códice que sustituyó los rollos de papiro. Bruce menciona que la popularización del códice y la publicación del evangelio cuádruple podrían haber sido una coincidencia. Pero por otro lado uno de los dos puede haber influenciado al otro ("Some thoughts on the beguinning of the New Testament canon" Manchester 1983)

233 Youngblood, "The Process", 27.

Mientras que la Iglesia occidental del Imperio romano llegó a una postura relativamente estable en cuanto a la extensión del canon, la situación en las iglesias orientales fue distinta. Ya hablamos del Diatessaron. Pero en el siglo V se formó la peshitta —la traducción del Nuevo Testamento al siríaco. De nuevo aparecen los cuatro evangelios y se incluyen Santiago, 1 Pedro y 1 Juan, pero se excluyen Apocalipsis y las demás epístolas generales. El canon, por lo tanto, solo contenía 22 libros. Tardó hasta el final del siglo VI hasta que se incluyeran los cinco libros que faltaban. Por otro lado, la Iglesia de Etiopía incluyó estos 27 libros y adicionalmente el Pastor de Hermas, 1 y 2 Clemente y 8 libros de las Constituciones apostólicas.[234]

Pero incluso en el occidente, el canon no estaba tan cerrado como algunos pensaban. Un ejemplo es la carta apócrifa a los laodicenses. En el siglo X, Alfric, que iba a ser finalmente arzobispo de Canterbury, menciona el libro entre los escritos canónicos de las epístolas de Pablo. Es curioso que a partir del siglo VI, esta carta aparece con frecuencia entre los manuscritos latinos. Tan popular era la carta que formó parte de algunas traducciones, como por ejemplo: la traducción bohemia de 1488. También la versión de los albigueneses la contiene. Wycliffe personalmente no la tradujo, pero fue añadida a varios manuscritos de su traducción del Nuevo Testamento.[235]

En la época de la Reforma tenemos el famoso caso de Martin Lutero que puso en duda si la epístola de Santiago debería formar parte del canon.[236] Y en menor grado tenía las mismas sospechas con el libro de Apocalipsis.[237]

Pero también de la parte católica había dudas. El antagonista de Lutero, el cardenal Cayetano, expresó dudas en cuanto a la canonicidad de Hebreos, Santiago, 2 y 3 de Juan y Judas.[238] Dudas similares también tenía Erasmo. Curiosamente, fue por la amenaza de Lutero al excluir Santiago del canon, que la Iglesia romana se decidió —en el concilio de Trento— a definir el canon del Nuevo Testamento categóricamente en la extensión que tenemos hoy. Sorprende que las confesiones luteranas tempranas no contienen una lista de los libros que pertenecen al canon.

A estas alturas tenemos que constatar que, a nivel de Iglesia universal, el canon no estaba formalmente cerrado en el siglo IV, muy en contra de

---

234 La versión etíope data de inicios del siglo IV. Otros la consideran como un producto del siglo VII. Véase Bruce Metzger, The Text of the New Testament (New York: Oxford University Press, 1968), 84.

235 B. F. Wescott, A General Survey of the History of the Canon of the New Testament, 3ª ed. (London: MacMillian, 1870), 429.

236 M. Luther, Vorrede auf die Epistel S. Jacobi 1522, en Luthers Vorreden zur Bibel, H. Bornkamm (ed.), (Göttingen ³1989), 215-218.

237 Ibid.

238 Wescott, General Survey, 443.

lo que se cree comúnmente en el mundo evangélico, y esto básicamente es porque —como ya vimos— las decisiones del sínodo de Cartago no tenían la categoría de una decisión universal a nivel de un concilio ecuménico.

Por otro lado podemos constatar que, durante la Reforma, tanto los católicos como los protestantes, reconocieron explícitamente y, de forma independiente, los 27 libros del Nuevo Testamento como canónicos. Y aunque reconocemos la mano de Dios de forma providencial en estos pronunciamientos, tenemos que tener mucho cuidado de no reducirlo simplemente a una decisión mayoritaria. Porque según esta regla de tres, todos seríamos católicos romanos hoy en día.

El argumento de la providencia divina, por lo tanto, no es suficiente, de la misma manera como la insistencia en criterios establecidos y formulados a posteriori, como lo vimos antes. El mejor camino —sin despreciar por supuesto las dos soluciones mencionadas— es una vuelta al reconocimiento de la doctrina de los reformadores del testimonio del Espíritu Santo y de la naturaleza auto autentificadora de las Escrituras.

4. La auto autentificación de las Escrituras

Recientemente, el teólogo holandés Herman Ridderbos ha argumentado que la apologética tradicional al estilo princetoniano de Warfield y Hodge al final solo nos lleva a una de dos alternativas: o a una seguridad que se basa en los resultados de la alta crítica o, a la confianza en la infabilidad de la Iglesia.[239] Para un creyente protestante, ninguna de las dos posibilidades es satisfactoria.

Ridderbos apoya su argumento para la canonicidad en los reformadores y argumenta que sus dos razones principales eran, por un lado, y de forma más bien objetiva, el testimonio interno de los libros del Nuevo Testamento y por otro lado el testimonio del Espíritu Santo de forma subjetiva. De una forma similar argumenta F. F. Bruce que por un lado reconoce el origen apostólico de un libro, pero por otro lado sigue enfatizando el testimonio interno de cada uno de los libros.[240] El argumento de la apostolicidad sigue siendo importante, pero tenemos que reconocer que no todos los libros nos facilitan con absoluta certeza una idea de su autor, por ejemplo: la carta a los Hebreos.

Al mismo tiempo tenemos que insistir en que la argumentación de Ridderbos de que es Cristo mismo quien es el canon y quien determina

---

239 The Authority of the New Testament Scriptures (Philadelphia: Presbyterian & Reformed Publishing Company, 1963), 355.

240 F. F. Bruce, The Canon of the Scripture (Downers Grove: IVP, 1988), 276-277.

el canon, es limitada, porque realmente no sabemos nada de Cristo aparte del testimonio de la Escritura.

Lo que sí debemos afirmar es que finalmente en su providencia y por mano de los reformadores, el Señor Jesucristo dio testimonio definitivo del alcance de su revelación. Y esto excluye la posibilidad de que se haya incluido un libro en el canon que no debería estar o que existe algún libro fuera del canon al que no se ha reconocido.

Básicamente tenemos que recurrir al testimonio de la Escritura que se apoya mutuamente en cuanto a los libros del Nuevo Testamento y ver y usar el Antiguo Testamento como prueba de la veracidad del Nuevo Testamento. La palabra de Agustín de Hipona que "Novum Testamentum in Vetere latet, et in Novo Vetus patet" (El Nuevo está latente en el Antiguo, y el Antiguo se hace patente en el Nuevo)[241] expresa esa verdad de una forma casi proverbial. Ambos testamentos en realidad forman una unidad. De la misma manera como en la apologética de la fe cristiana Cornelius van Til estableció de forma brillante el modelo de la apologética presuposicionalista, también en el tema del canon nos aparece la forma para proceder: tomando en cuenta todos los indicios que indican hacia la inspiración y autenticidad de los 27 libros del Nuevo Testamento, procederemos a demostrar que cada uno de estos libros armoniza con la revelación previa del Antiguo Testamento. Con esto rechazamos tajantemente la posibilidad que Ridderbos deje abierto que "por el pecado, por falta de sensibilidad o por un malentendido es posible que nosotros hayamos fallado al reconocer adecuadamente el canon objetivo que Cristo nos ha dado. Podríamos haber incluido un libro que no pertenece o excluido un libro que pertenece al canon".[242]

Resumiendo una postura que se asemeja bastante a la de Ridderbos, Charles Briggs propone un método viable en tres pasos a tomar en cuenta.[243]

El *primer principio* es el testimonio de la Iglesia. Examinando la tradición y los documentos tempranos de la Iglesia podemos demostrar que las Escrituras por su autoridad divina y canónica, por consenso general, realmente son revelación divina. En cuanto al canon protestante es unánime.

---

241 Agustín de Hipona Quaestiones in Heptateuchum 2:73.

242 Ridderbos, Authority, 41.

243 Charles Briggs, General Introduction to the Study of Holy Scripture (New York: Charles Scribners' Sons, 1899), 163. Es cierto que Briggs tenía convicciones poco ortodoxas y no creyó en la inerrancia de la Escritura. Sin embargo, su enseñanza en cuanto al canon ni siquiera fue puesta en duda por su oponente teológico más convencido que fue B. B. Warfield.

A raíz de dicho consenso, los concilios de la Reforma se pronunciaron de forma correspondiente.

El *segundo principio* es el del carácter de las Escrituras mismas. Es lo que algunos han llamado la doctrina reformada de la "autopistía". El carácter de cada uno de los escritos es puro y santo y poseen una belleza, armonía y majestad inherente. Estas características convencen a la Iglesia y al creyente individual de que las Escrituras realmente son Palabra de Dios. Briggs insiste que si hay personas que no ven el carácter santo de estos libros es porque algo les impide verlo.[244] Y en este contexto deberíamos ver el rechazo de Lutero de Santiago o el de la Iglesia de Siria del Apocalipsis. En ambos casos sería en realidad incluso el celo por la verdad que les impidió a luteranos y sirios ver la verdad.

El *tercer principio* es el más importante, que es el testimonio del Espíritu Santo. Y este testimonio se puede observar en tres puntos:

1. El Espíritu Santo dio testimonio a una Escritura en concreto.

2. El Espíritu Santo dio testimonio a una colección de Escrituras de tal manera como para convencer al creyente de que formaran parte de la revelación divina. Es un argumento cumulativo. Ya que se había reconocido las características de un escrito particular, era más fácil aplicar los mismos criterios y reconocer las mismas características en otros libros. La revelación divina es un todo que armoniza de forma orgánica.[245] Este argumento cobró una importancia muy grande para Juan Calvino cuando trató el tema de la canonicidad de 2 Pedro. Calvino no vio en la epístola nada que estuviera en contradicción con el resto de la Escritura. Y este argumento de Calvino nunca se vio atacado. En este contexto el principio reformador de que "Sacra Scriptura sui ipsius interpres"[246] cobra un significado muy interesante. Por esta razón, Calvino acepta la epístola como canónica, aunque tiene ciertas reservas que tienen que ver con su estilo —muy distinto de 1 Pedro. Para Calvino el argumento decisivo era que no solamente este libro había sido aceptado por la Iglesia desde hace mucho tiempo, sino que además no contiene nada que estuviera en contradicción con el resto de la Escritura.[247]

3. El tercer punto es que el Espíritu Santo da testimonio a la Iglesia como cuerpo de creyentes. Se trata de cierta manera de un énfasis sobre el argumento histórico.

244 Ibid.

245 Ibid.

246 Es decir, "La Sagrada Escritura se interpreta a sí misma".

247 Ridderbos, Authority, 51.

No cabe duda de que el principio del testimonio del Espíritu Santo para la seguridad en cuestiones de la extensión del canon introdujo un factor subjetivo que deja la cuestión del canon —en el sentido absoluto— sin resolver. Luego esto introduce la cuestión: ¿cómo se define la Iglesia? ¿Forma la Iglesia católica parte de la Iglesia universal? ¿Y qué de la Iglesia ortodoxa? Desde el punto de vista reformado hay que negarlo y constatar que efectivamente el Espíritu Santo ha hablado a través de la Iglesia universal, que es aquella que realmente defiende y enseña el evangelio de Jesucristo. Y de esta manera la cuestión canónica cobra una importancia que es estrictamente hablando eclesiológica. Briggs llega a una conclusión errónea cuando finalmente reserva al creyente individual el derecho a rechazar un libro determinado por cuestiones subjetivas del testimonio del Espíritu Santo.

5. Resumen y conclusión

Vamos a resumir y concluir lo expuesto anteriormente de la siguiente manera:

1. La cuestión del canon del Nuevo Testamento es bastante más complicada que la del Antiguo Testamento, y desde luego, no tan sencilla como aparece en muchas publicaciones populares y simplificadas. Hemos visto que hasta los tiempos de la Reforma la extensión del canon no era un asunto concluido completamente.

2. Tenemos que constatar que en la cristiandad profesante no existe un acuerdo sobre la extensión del canon. La Iglesia católica romana ha admitido en el Concilio de Trento siete libros al canon del Antiguo Testamento que nunca han sido considerados canónicos ni por los judíos ni por los protestantes. En cuanto a la extensión del canon neotestamentario, sin embargo, existe un acuerdo entre católicos y protestantes. En el caso de la Iglesia ortodoxa, ni siquiera existe una definición unánime de lo que es el canon, ya que la Iglesia de todos modos está por encima de la Biblia y, por lo tanto, define lo que es doctrinalmente aceptable y lo que no.

3. En cuanto a las iglesias protestantes hay que destacar que los reformadores siguen en la línea de Agustín de Hipona y de los concilios norteafricanos de finales del siglo IV e inicio del siglo V. Aunque es cierto que Lutero tenía sus problemas con Santiago y Apocalipsis, y Calvino con 2 Pedro y Apocalipsis; finalmente se llegó a un acuerdo en todas las confesiones importantes en cuanto a la extensión del canon. Esto es muy importante, porque consideramos a las iglesias de la Reforma como aquellas que, en el pleno sentido de la palabra, son iglesias cristianas.

4. Esto nos lleva a la siguiente conclusión: la revelación divina, inspirada, infalible e inerrante estaba desde el momento en el que Dios usó herramientas humanas, personas humanas para transmitir y revelar su mensaje autoritativo. También es cierto que la Iglesia cristiana tardó tiempo en tener la claridad suficiente como para identificar estos escritos. Es importante constatar que la Iglesia cristiana no declaró inspirados a ciertos escritos, sino que reconoció finalmente su inspiración. Esto diferencia la actitud protestante de la católica y la ortodoxa.

5. La certeza de la extensión del canon radica en los siguientes hechos:

   5.1. En cuanto al Antiguo Testamento, sus libros son citados, usados o reconocidos en el canon judío en la época de los apóstoles, de hecho, ya unos 400 años antes.

   5.2. En cuanto al Nuevo Testamento,

      5.2.1. Sus libros se apoyan en la revelación del Antiguo Testamento.

      5.2.2. No contienen contradicciones factuales, históricas o dogmáticas con lo que ha sido revelado en el Antiguo Testamento y en las Escrituras que ya en los tiempos de los apóstoles gozaban de una autoridad incuestionable.

      5.2.3. Gozan del testimonio interno y externo del Espíritu Santo en cuanto a su contenido.

Por lo tanto, podemos apoyarnos plenamente en estos 66 libros que contiene nuestra Biblia, libros que están en armonía el uno con el otro, sin contradicción, error o equivocación.

Preguntas para reflexionar

A raíz de la publicación del documento gnóstico "el evangelio de Judas" y novelas como el Código de DaVinci hay un debate sobre el canon y las características de los evangelios. ¿Cuáles son algunos de los conceptos equivocados que mucha gente tiene sobre el canon bíblico?

¿Cabe la posibilidad de que más libros sean añadidos al canon de la Biblia? En el hipotético caso afirmativo: ¿qué condiciones habría que cumplirse? ¿Quién tomaría la decisión?

Argumente sus respuestas.

Documentos relacionados con la Conferencia Internacional de la Inerrancia Bíblica

El siguiente texto es una colección de varios escritos publicados por la ICBI. El texto sobre el cual se basa nuestra traducción viene del libro de Gregory Beale, lo cual publicó como anexo a su obra sobre la inerrancia.[248] Existen varias traducciones de algunas partes del siguiente texto, pero ofrecemos aquí una traducción fresca y también quizá la primera recopilación de todos los textos claves de la ICBI.

1. Prefacio

La autoridad de la Escritura es un tema clave para la Iglesia cristiana tanto en esta época como en todas. Los que confiesan fe en Jesucristo como Señor y Salvador son llamados para demostrar la realidad de su discipulado por obedecer humilde y fielmente la Palabra escrita de Dios. Desviarse de la Escritura, sea en fe o conducto, es una deslealtad a nuestro Señor. Un reconocimiento de la plena verdad y confiabilidad de la sagrada Escritura es imprescindible para una comprensión completa y confesión adecuada de su autoridad.

La siguiente Declaración afirma de nuevo la inerrancia de la Escritura, dejando claro nuestro entendimiento de ella y avisando contra su negación. Estamos persuadidos de que negarla es descartar el testimonio de Jesucristo y del Espíritu Santo y rehusar dicha sumisión a las demandas de la propia Palabra de Dios que es lo que marca una verdadera fe cristiana. Lo vemos como nuestro deber oportuno para hacer esta afirmación frente a lapsos actuales de la verdad de la inerrancia entre nuestros compañeros cristianos y a malentendidos de dicha doctrina en el mundo entero.

Esta Declaración se compone de tres partes: una Declaración sumaria, Artículos de afirmación y negación, y una Exposición acompañante. Se ha preparado durante una consulta en Chicago que duró tres días. Los que han firmado la Declaración sumaria y los Artículos, desean afirmar su

---

248 Gregory Beale, *The Erosion of Inerrancy in Evangelicalism: Responding to New Challenges to Biblical Authority* (Wheaton, IL: Crossway Books, 2008), 267-279.

propia convicción sobre la inerrancia de la Escritura y, animar y retar unos a otros —y a todos los cristianos— a una creciente apreciación y entendimiento de esta doctrina. Reconocemos las limitaciones de un documento preparado durante una conferencia breve e intensa y no proponemos que dicha Declaración sea otorgada con el peso de un credo. Sin embargo, nos alegramos en profundizar en nuestras propias convicciones a través de nuestras discusiones juntos, y oramos que la Declaración que hemos firmado sea usada para la gloria de nuestro Dios para una nueva reforma de la Iglesia en su fe, vida y misión.

Ofrecemos esta Declaración en un espíritu no conflictivo, sino de humildad y amor, que nos comprometemos, por la gracia de Dios, mantener en cualquier diálogo futuro que surja de lo que hemos dicho. Reconocemos felizmente que muchos que niegan la inerrancia de la Escritura no demuestran las consecuencias de dicha negación en el resto de sus creencias y comportamiento, y somos consciente de que los que confesamos esta doctrina muchas veces la niegan en la vida por fallar en llevar nuestros pensamientos y hechos, nuestras tradiciones y costumbres, a una verdadera sujeción a la Palabra divina.

Solicitamos respuestas a esta declaración de todos los que vean motivos de modificar sus afirmaciones sobre la Escritura, por la luz de la Escritura misma, bajo cuya autoridad infalible nos ponemos cuando hablamos. No afirmamos ninguna infalibilidad personal por el testimonio que llevamos, y estaremos agradecidos por cualquier ayuda que nos capacite a fortalecer dicho testimonio a la Palabra de Dios.

-El Comité de redacción

2. Una declaración corta

1. Dios, quien es Verdad y solo habla la verdad, ha inspirado la sagrada Escritura como para revelarse a la humanidad perdida a través de Jesucristo como Creador y Señor, Redentor y Juez. La sagrada Escritura es el testimonio de Dios a sí mismo.

2. La sagrada Escritura, siendo la propia Palabra de Dios, escrita por hombres preparados y supervisados por su Espíritu, tiene autoridad divina infalible en cada asunto que toque: ha de ser creído, como instrucción de Dios, en todo lo que afirme; obedecido, como mandamiento de Dios, en todo lo que demande; abrazado, como muestra de Dios, en todo lo que prometa.

3. El Espíritu Santo, el autor divino de la Escritura, tanto nos la autentica por su testimonio interior como nos abre la mente para entender su significado.

4. Siendo total y verbalmente dada por Dios, la Escritura es sin error o defecto en todas sus enseñanzas, no menos en lo que afirma sobre los hechos de Dios en la creación, sobre los eventos en la historia mundial y sobre sus propios orígenes literarios bajo Dios, que en su testimonio a la gracia salvadora de Dios en nuestras vidas.

5. La autoridad de la Escritura es ineludiblemente dañada si dicha inerrancia divina total es en cualquier manera limitada o ignorada, o relativizada a una visión de la verdad que sea contraria a la de la Biblia; y tales lapsos traen pérdidas serias tanto al individuo como a la Iglesia.

3. Artículos de afirmaciones y negaciones

Artículo I

Afirmamos que las sagradas Escrituras han de ser recibidas como la Palabra autoritativa de Dios.

Negamos que las Escrituras reciban su autoridad de la Iglesia, tradición o cualquier otra fuente humana.

Artículo II

Afirmamos que las Escrituras son la norma escrita más alta por la cual Dios ata la conciencia, y que la autoridad de la Iglesia está subordinada a la de la Escritura.

Negamos que los credos de la Iglesia, concilios o declaraciones tengan autoridad mayor o igual que la autoridad de la Biblia.

Artículo III

Afirmamos que la Palabra escrita en su totalidad es revelación dada por Dios.

Negamos que la Biblia sea meramente un testigo de la revelación, o que solamente se convierta en revelación en el encuentro, o que dependa de las respuestas del hombre para su validez.

Artículo IV

Afirmamos que Dios, quien hizo la humanidad a su imagen, ha usado el lenguaje como medio de revelación.

Negamos que el lenguaje humano sea tan limitado por nuestra condición de criatura que sea inadecuado como un vehículo para la revelación divina. Negamos también que la corrupción de la cultura y del lenguaje humano por el pecado haya frustrado la obra de Dios de inspiración.

Artículo V

Afirmamos que la revelación de Dios en las sagradas Escrituras fue progresiva.

Negamos que la revelación posterior, la cual puede cumplir con la revelación anterior, jamás la corrija o la contradiga. Negamos también que cualquier revelación normativa haya sido dada desde la terminación de los escritos del Nuevo Testamento.

Artículo VI

Afirmamos que toda la Escritura y todas sus partes, hasta las mismas palabras de los originales [manuscritos], fueron dadas por inspiración divina.

Negamos que la inspiración de la Escritura se pueda afirmar a razón del todo sin las partes, o de algunas partes, pero no del todo.

Artículo VII

Afirmamos que la inspiración fue la obra en la cual Dios por su Espíritu, a través de escritores humanos, nos dio su Palabra. El origen de la Escritura es divino. El modo de inspiración divina queda en mayor parte como un misterio para nosotros.

Negamos que la inspiración pueda ser reducida a la percepción humana, o a estados elevados de conciencia de cualquier tipo.

Artículo VIII

Afirmamos que Dios en su obra de inspiración utilizó las personalidades y estilos literarios distintos de los escritores que había escogido y preparado.

Negamos que Dios, al causar que estos escritores usaran las mismas palabras que él escogió, anuló sus personalidades.

Articulo IX

Afirmamos que la inspiración, aunque no confiriendo omnisciencia, garantizó verdadera y confiable expresión en todos los asuntos en los cuales los autores bíblicos fueron movidos para hablar y escribir.

Negamos que la finitud o caída de los escritores, por necesidad u otra cosa, introdujera distorsión o falsedad a la Palabra de Dios.

Artículo X

Afirmamos que la inspiración, estrictamente hablando, aplica solamente al texto autográfico de la Escritura, el cual, en la providencia de Dios, puede ser determinado con gran precisión de los manuscritos disponibles.

Afirmamos también que las copias y traducciones de la Escritura son la Palabra de Dios en la medida que representen fielmente los [manuscritos] originales.

Negamos que cualquier elemento esencial de la fe cristiana sea afectado por la ausencia de los autógrafos. Negamos también que dicha ausencia haga inválida o irrelevante la afirmación de la inerrancia bíblica.

Artículo XI

Afirmamos que la Escritura, habiendo sido dada por inspiración divina, es infalible, así que, lejos de llevarnos a conclusiones erróneas, es verdadera y confiable en todos los asuntos con los que trata.

Negamos que sea posible que la Biblia sea al mismo tiempo infalible y errante en sus afirmaciones. La infalibilidad y la inerrancia pueden ser distinguidas, pero no separadas.

Artículo XII

Afirmamos que la Escritura en su totalidad es inerrante, siendo libre de toda falsedad, fraude o engaño.

Negamos que la infalibilidad y la inerrancia bíblica estén limitadas a temas espirituales, religiosos o redentores, exclusivo de las afirmaciones en los campos de la historia y la ciencia. Negamos también que las hipótesis científicas acerca de la historia de la tierra puedan ser usadas apropiadamente para revocar la enseñanza de la Escritura sobre la creación y el diluvio.

Articulo XIII

Afirmamos la conveniencia de usar inerrancia como un término teológico con referencia a la completa veracidad de la Escritura.

Negamos que sea correcto evaluar la Escritura según los estándares de verdad y error que sean ajenos a su uso o propósito. Negamos también que la inerrancia sea negada por fenómenos bíblicos tales como la falta de precisión técnica moderna, irregularidades en la gramática o la ortografía, descripciones de observación de la naturaleza, reportajes de falsedades, el uso de hipérbole y números redondos, el arreglo tópico del material, selecciones de material variantes en textos paralelos o el uso de citas poco precisas.

Articulo XIV

Afirmamos la unidad y la coherencia interna de la Escritura.

Negamos que supuestos errores y discrepancias, que aún no han sido resueltos, invaliden las afirmaciones de verdad de la Biblia.

Articulo XV

Afirmamos que la doctrina de la infalibilidad se basa en la enseñanza de la Biblia sobre la inspiración.

Negamos que la enseñanza de Jesús sobre la Escritura pueda ser descartada por apelar a la acomodación o a cualquier limitación natural de su humanidad.

Articulo XVI

Afirmamos que la doctrina de la inerrancia ha sido integral a la fe de la Iglesia a lo largo de su historia.

Negamos que la infalibilidad sea una doctrina inventada por el protestantismo escolástico, o que sea una posición reaccionaria postulada en respuesta a la alta crítica negativa.

Articulo XVII

Afirmamos que el Espíritu Santo da testimonio de las Escrituras, asegurando a los creyentes de la veracidad de la Palabra escrita de Dios.

Negamos que dicho testimonio del Espíritu Santo opere de manera aislada o en contra de la Escritura.

Artículo XVIII

Afirmamos que el texto de la Escritura debe ser interpretada por la exegesis gramático- histórica, tomando en cuenta sus formas y estrategias literarias, y que la Escritura ha de interpretar la Escritura.

Negamos la legitimidad de cualquier tratamiento del texto o la búsqueda de fuentes situadas detrás de él que se lleva a relativizar, deshistorizar o desacreditar su enseñanza, o a rechazar sus afirmaciones de autoría.

Articulo XIX

Afirmamos que una confesión de la autoridad, infalibilidad e inerrancia plena de la Escritura es vital para una sana comprensión de la totalidad de la fe cristiana. Afirmamos también que tal confesión debe conducir a una creciente conformidad a la imagen de Cristo.

Negamos que tal confesión sea necesaria para la salvación. Sin embargo, negamos también que la inerrancia pueda ser rechazada sin graves consecuencias, tanto para el individuo como para la Iglesia.

4. Exposición

Ha de colocarse nuestro entendimiento de la doctrina de la inerrancia dentro del contexto de las enseñanzas más amplias de la Escritura acerca de sí misma. Esta exposición provee una explicación del bosquejo de doctrina de la cual han sido tomados nuestra declaración sumaria y los artículos.

4.1. Creación, revelación e inspiración

El Dios trino, quien formó todas las cosas por sus pronunciaciones y quien gobierna todas las cosas por su Palabra de decreto, hizo a la humanidad a su propia imagen para una vida de comunión con sí mismo, basado en el modelo de la comunión eterna de comunicación amorosa dentro de la Deidad. Como portadora de la imagen de Dios, la humanidad había de escuchar la Palabra de Dios dirigida a ella y responder en el gozo de obediencia adoradora. Más allá de la auto revelación de Dios en el terreno creado y la secuencia de acontecimientos dentro de lo mismo, desde Adán en adelante los seres humanos han recibido mensajes verbales de él, sea directamente, como declarado en la Escritura, o indirectamente en la forma de parte o toda la Escritura misma.

Cuando pecó Adán, el Creador no abandonó la humanidad al juicio final, sino que le prometió salvación y empezó a revelarse como Redentor en una secuencia de acontecimientos históricos centrados en la familia de Abraham y culminando en la vida, muerte, resurrección, ministerio celestial actual y regreso prometido de Jesucristo. Dentro de este marco, Dios ha hablado, de vez en cuando, palabras específicas de juicio y misericordia, promesa y mandamiento, a los seres humanos pecaminosos, así atrayéndoles a una relación de alianza de compromiso mutuo entre sí mismo y ellos, en la cual él les bendice con dones de gracia y ellos le bendicen en adoración responsiva. Moisés, quien Dios usó como mediador para traer sus palabras a su pueblo durante el Éxodo, es el primero de una línea larga de profetas en cuyas bocas y escritos Dios puso sus palabras para ser entregados a Israel. El propósito de Dios en dicha sucesión de mensajes era mantener su alianza por hacer que su pueblo conociera su Nombre —es decir, su carácter— y su voluntad tanto de precepto como de propósito en el presente y para el futuro. Dicha línea de portavoces proféticos de Dios llegó a cumplirse en Jesucristo, la Palabra encarnada de Dios, quien era un profeta —más que un profeta, pero no menos— y en los apóstoles y profetas de la primera generación cristiana. Cuando el mensaje final y climático de Dios, su palabra al mundo acerca de Jesucristo, había sido declarado y elucidado por aquellos en el círculo apostólico, se cesó la secuencia de mensajes revelados. De aquí en adelante, la Iglesia había de vivir y conocer a Dios por lo que ya había dicho, y dicho una vez por todas.

En el Sinaí, Dios escribió los términos de su alianza en tabletas de piedra, como su testigo duradero y para una accesibilidad duradera, y durante todo el período de revelación profética y apostólica movía a los hombres a escribir los mensajes dados a, y a través de, ellos, junto con registros celebratorios de sus negocios con su pueblo, más las reflexiones morales sobre la vida de alianza, las formas de alabanza y la oración por misericordia de alianza. La realidad teológica de inspiración en producir los documentos bíblicos corresponde a la de las profecías habladas: aunque las personalidades de los autores humanos fueran expresadas en lo que escribieron, las palabras fueron constituidas de manera divina. Por tanto, lo que dice la Escritura, lo dice Dios; la autoridad de ella es la autoridad de él, pues él es su autor principal, habiéndola dado a través de las mentes y palabras de hombres escogidos y preparados que en libertad y fidelidad «hablaron siendo inspirados por el Espíritu Santo» (2Pe 1:21; RV95). La sagrada Escritura ha de ser reconocida como la Palabra de Dios por virtud de su origen divino.

4.2. Autoridad: Cristo y la Biblia

Jesucristo, el Hijo de Dios quien es la Palabra hecha carne, nuestro Profeta, Sacerdote y Rey, es el Mediador principal de la comunicación de Dios a la humanidad, como lo es de todos los dones de gracia de Dios. La revelación que dio fue más que algo verbal; reveló al Padre por su presencia y por sus hechos también. Pero sus palabras eran crucialmente importantes; pues era Dios, hablaba de parte del Padre y sus palabras juzgarán a todos en el día postrero.

Como el Mesías profetizado, Jesucristo es el tema central de la Escritura. El Antiguo Testamento le anticipa; el Nuevo Testamento mira hacia atrás a su primera venida y hacia adelante a su segunda. La Escritura canónica es divinamente inspirada y, por lo tanto, un testigo normativo de Cristo. Ninguna hermenéutica, por lo tanto, de la cual el Cristo histórico no sea el centro de atención es aceptable. Ha de tratarse la sagrada Escritura como lo es en su esencia —el testigo del Padre acerca del Hijo encarnado.

Parece que se había fijado el canon del Antiguo Testamento en el momento de Jesús. Asimismo, está cerrado el canon del Nuevo Testamento puesto que no se puede transmitir ningún testimonio apostólico al Cristo histórico. No se dará ninguna nueva revelación (a parte del entendimiento dado por el Espíritu acerca de revelación que ya existe) hasta que venga Cristo de nuevo. Se creó el canon en principio por la inspiración divina. El papel de la Iglesia fue el de discernir el canon que Dios había creado, y no el de crearlo por sí misma.

La palabra *canon*, que significa norma o estándar, es un puntero a la autoridad, la cual significa el derecho de gobernar y controlar. La autoridad en el cristianismo pertenece a Dios en su revelación, lo cual significa, por un lado, Jesucristo, la Palabra viva, y, por otro lado, la sagrada Escritura, la Palabra escrita. Pero la autoridad de Cristo y la de la Escritura son uno. Como nuestro Profeta, Cristo testificó que la Escritura no puede ser quebrantada. Como nuestro Sacerdote y Rey, dedicó su vida terrenal a cumplir la ley y los profetas, hasta morir en obediencia a las palabras de profecía mesiánica. Por tanto, como vio la Escritura testificando de él y de la autoridad de él, también por su propia sumisión a la Escritura dio testimonio a la autoridad de ella. Como se postró a la instrucción de su Padre dada en su Biblia (nuestro Antiguo Testamento), también requiere que sus discípulos hagan lo mismo —no, sin embargo, en aislamiento del testigo apostólico a sí mismo que emprendió a inspirar por su regalo del Espíritu Santo, sino en conjunción con ello. Así es como los cristianos se muestran como siervos fieles de su Señor por postrarse a la instrucción divina dada en los escritos proféticos y apostólicos los cuales juntos forman nuestra Biblia.

Por autenticarse la autoridad el uno del otro, Cristo y la Escritura se fusionan en una sola fuente de autoridad. Cristo, interpretado de manera bíblica, y la Biblia cristocéntrica y cristoproclamadora son, desde este punto de vista, uno. Igual que inferimos del hecho de la inspiración que lo que dice la Escritura, lo dice Dios, también podemos declarar, basado en la relación revelada entre Jesucristo y la Escritura, que lo que dice la Escritura, lo dice Cristo.

4.3. Infalibilidad, inerrancia e interpretación

La sagrada Escritura, como la Palabra inspirada de Dios dando testimonio autoritativamente de Jesucristo, adecuadamente puede llamarse *infalible* e *inerrante*. Dichos términos negativos tienen un valor especial, pues garantizan explícitamente verdades positivas cruciales.

La *infalible* significa la cualidad de no llevarse a conclusiones erróneas ni ser llevado al mismo, y así garantiza en términos categóricos la verdad que la sagrada Escritura es una norma y guía cierta, segura y fiable en todos los asuntos.

Asimismo, la *inerrancia* significa la cualidad de ser libre de toda falsedad o error, y así garantiza la verdad, que la sagrada Escritura es totalmente veraz y confiable en todas sus afirmaciones.

Afirmamos que la Escritura canónica siempre debe ser interpretada sobre la base de que es infalible e inerrante. Sin embargo, en determinar qué está afirmando el autor, quien ha sido instruido por Dios, en cada pasaje, hemos de prestar la máxima atención a sus afirmaciones y naturaleza como un producto humano. En la inspiración, Dios utilizó la cultura y las convenciones del entorno de sus amanuenses, un entorno que Dios controla en su providencia soberana; es un malentendido imaginarlo de otra manera.

Así que ha de tratarse la historia como historia, la poesía como poesía, la hipérbole y metáfora como hipérbole y metáfora, la generalización y aproximación como lo que son, etc. También hace falta observar las diferencias entre las convenciones literarias en los tiempos bíblicos y en los nuestros: como, por ejemplo, la narración no cronológica y la citación imprecisa eran convencionales y aceptables, y no violaban las expectativas en aquel entonces; nosotros no los debemos considerar como errores cuando los encontremos en los escritores bíblicos. Cuando no se esperaba ni se intentaba la precisión total de algún tema en concreto, tampoco es un error el no haberlo conseguido. La Escritura es inerrante, no en el sentido de ser absolutamente precisa según los estándares modernos, sino en el sentido de cumplir sus afirmaciones y lograr la cantidad de verdad particular a la cual aspiraban sus autores.

No se anula la confiabilidad de la Escritura por la apariencia de irregularidades de gramática u ortografía, descripciones fenomenológicas de la naturaleza, reportajes de declaraciones falsas (ej., las mentiras de Satanás) o las supuestas discrepancias entre un pasaje y otro. No es correcto oponer los llamados "fenómenos" de Escritura contra la enseñanza de la Escritura acerca de sí misma. No se deben ignorar supuestas inconsistencias. Solucionarlas, donde se puede lograr de manera convincente, animará nuestra fe, y donde de momento no se encuentra ninguna solución convincente, honraremos considerablemente a Dios por confiar en su garantía que su Palabra es veraz, pese a dichas apariencias, y por mantener nuestra confianza que algún día todas se verán no haber sido más que ilusiones.

Como toda la Escritura es el producto de una sola mente divina, la interpretación tiene que quedarse dentro de los límites de la analogía de la Escritura y rehuir hipótesis que intentarían corregir un pasaje bíblico por otro, sea en el nombre de la revelación progresiva o por la iluminación imperfecta de la mente del escritor inspirado.

Aunque la sagrada Escritura no sea atada de manera cultural, en el sentido de que en su enseñanza falta una validez universal, sí que a veces está condicionada culturalmente por las costumbres y opiniones convencionales de tiempos particulares, tal que la aplicación de sus principios para hoy demanda otra especie de acto.

4.4. Escepticismo y la crítica

Desde el Renacimiento, y más concretamente desde la Ilustración, se han desarrollado cosmovisiones que incluyen un escepticismo acerca de las doctrinas cristinas fundamentales. Tales [cosmovisiones] son el agnosticismo que niega que Dios sea conocible, el racionalismo que niega que sea incomprensible, el idealismo que niega que sea transcendente y el existencialismo que niega la racionalidad en sus relaciones con nosotros. Cuando penetren dichos principios no bíblicos y antibíblicos en las teologías de los hombres a nivel preposicional, como lo hacen con tanta frecuencia hoy en día, se hace imposible la interpretación fiel de la sagrada Escritura.

4.5. Transmisión y traducción

Como Dios en ningún sitio ha prometido una transmisión inerrante de la Escritura, es necesario afirmar que solo el texto autográfico de los documentos originales fue inspirado, y mantener la necesidad de la crítica textual como un medio para detectar deslices que pudieran haberse insertado al texto a lo largo de su transmisión. El veredicto de dicha ciencia, sin embargo, es que el texto hebreo y griego parece ser asombrosamente bien preservado, tal que nos sentimos bien justificados en afirmar, junto con la Confesión de Westminster, una providencia singular de Dios en este asunto y en declarar que la autoridad de la Escritura no se perjudica en ninguna manera por el hecho de que las copias que tenemos no estén totalmente sin errores.

Asimismo, ninguna traducción es, ni puede ser, perfecta, y todas las traducciones se alejan un paso más de los *autógrafos*. Pero el veredicto de la ciencia lingüística es que los cristianos de habla inglesa, por lo menos, están muy bien servidos en la actualidad por una cantidad de traducciones excelentes y que no tienen motivo por dudar en concluir que la verdadera Palabra de Dios está dentro de su alcance. Ciertamente, al ver la repetición frecuente en la Escritura de los asuntos principales con los cuales trata y también del testigo constante del Espíritu Santo acerca de, y a través de, la Palabra, ninguna traducción seria de la sagrada Escritura distorsionará su significado tal que lo hace imposible hacer que su lector sea «sabio para la salvación por la fe que es en Cristo Jesús» (2Ti 3:15 RV95).

4.6. Inerrancia y autoridad

En nuestra afirmación de la autoridad de la Escritura como englobar su verdad total, nos estamos alineando conscientemente con Cristo y sus apóstoles, ciertamente con toda la Biblia y con la parte principal de la historia de la Iglesia desde los primeros días hasta hace muy poco. Nos preocupamos por la manera casual, inadvertida y aparentemente irreflexiva en la cual una creencia de tan amplia importancia ha sido abandonada por tanta gente en nuestros días.

Somos conscientes también que se produce una gran y seria confusión de dejar de mantener la veracidad total de la Biblia cuya autoridad uno pretende afirmar. El resultado de tomar dicho paso es que la Biblia que

Dios dio pierde su autoridad, y lo que tiene autoridad en su lugar es una Biblia reducida en contenido según las exigencias de los razonamientos críticos de cada uno y en principio reducible más todavía una vez se ha empezado el proceso. Todo esto significa que el fondo es el razonamiento independiente de lo que tiene autoridad, en lugar de la enseñanza escritural. Si esto no se ve, y si por ahora se mantienen las doctrinas evangélicas básicas, los que niegan la plena verdad de la Escritura podrán afirmar tener una identidad evangélica, mientras que metodológicamente se habrán apartado del principio evangélico de conocimiento a un subjetivismo inestable, y lo verán difícil no apartarse más todavía.

Afirmamos que, lo que dice la Escritura, lo dice Dios. Que él sea glorificado. Amén y amén.

Preguntas para reflexionar

¿Cuáles de las afirmaciones y negaciones le parecen sorprendentes y/o chocantes? ¿Por qué?

¿Se pueden resumir las afirmaciones en unas palabras claves o en una frase corta? ¿Cuáles serían?

Argumente sus respuestas.

Índice de autores, por capítulo

II. Una exégesis de los textos clásicos de la inspiración

III. La inerrancia según la Iglesia primitiva

IV. El canon de la Biblia

V. Apéndice: documentos relacionados con la Conferencia Internacional de la Inerrancia Bíblica

Índice de citas bíblicas, por capítulo

Jer 36:2, 26	Am 3:8, 24	Mt 24:15, 28
Jer 36:6, 37	Am 7:14-15, 24	Mt 24:35, 27
Jer 36:10, 37	Jon 1:1, 25	Mt 24:37-39, 42
Jer 36:28, 26, 37	Jon 3:1-3, 36	Mr 1:44, 39
Jer 42:4, 24	Mi 1:1, 25	Mr 6:30, 29
Jer 45:1, 26	Mi 3:8, 27	Mr 7:10, 39, 45
Jer 50:60-64, 26	Mi 4:4, 24	Mr 8:19-21, 42
Lm 2:17, 21	Hab 2:2, 26	Mr 8:38, 27
Lm 3:38, 24	Sof 1:1, 25	Mr 9:1, 27
Ez, 23	Hag 1:1, 25, 27	Mr 12:24-27, 32
Ez 2:2, 27	Hag 1:3, 27	Mr 13:14, 28
Ez 2:3-4, 30	Hag 1:12, 30	Mr 16:9-20, 48
Ez 2:7, 26	Hag 2:10, 27	Lc 1:1-4, 28, 34
Ez 3:2-4, 30	Zac 1:1, 25	Lc 1:70, 45
Ez 3:4, 26	Zac 1:4, 31	Lc 4:18-19, 27
Ez 3:10-11, 24	Zac 1:6, 23	Lc 4:25-26, 42
Ez 3:17-18, 24	Zac 7:7, 31	Lc 4:27, 42
Ez 3:27, 26	Zac 7:12, 26, 27, 31	Lc 10:7, 34
Ez 6:18, 30	Mal 1:1, 25	Lc 11:49, 29
Ez 7:10, 30	Mal 2:7, 23	Lc 16:8, 27
Ez 9:11-12, 30	Mal 4:5, 30	Lc 16:10-11, 41
Ez 13:1-3, 26	Mt 1:22, 44	Lc 16:17, 32, 37
Ez 13:2-3, 25	Mt 2:5, 37	Lc 16:29, 39
Ez 13:17, 25, 26	Mt 3:3, 39	Lc 16:31, 39
Ez 14:6-11, 25	Mt 2:15, 47	Lc 17:5, 29
Ez 22:28, 26	Mt 4:17, 47	Lc 22:14, 29
Ez 33:7-8, 24	Mt 5:18, 32, 37	Lc 24:10, 29
Ez 33:22, 26	Mt 6:29, 42	Lc 24:25, 39, 43
Ez 38:17, 23	Mt 7:24, 27	Lc 24:27, 43
Ez 43:11, 26	Mt 11:3, 33	Jn 1:1, 27
Da 5:5, 23	Mt 11:9, 33	Jn 1:14, 27
Da 5:25, 23	Mt 11:10, 33	Jn 1:17, 27, 33
Da 9:1-2, 31	Mt 12:3-4, 42	Jn 1:45, 39
Da 9:2, 31	Mt 12:40-41, 42	Jn 3:12, 41, 51
Da 9:11-13, 30	Mt 12:42, 42	Jn 3:14, 42
Da 10:1, 21	Mt 15:3-4, 45	Jn 3:33, 21
Da 12:5-13, 51	Mt 15:7, 39	Jn 4:5, 42
Os 1:1, 25	Mt 19:5, 34	Jn 6:49-51, 42
Os 1:2, 27	Mt 19:7-8, 39	Jn 7:1-10, 27
Os 6:5, 26	Mt 21:2-5, 37	Jn 7:4, 27
Os 8:12, 26	Mt 22:24, 39	Jn 7:28, 21
Os 9:7, 27	Mt 22:32, 38	Jn 7:53-8:11, 48
Os 12:10, 27	Mt 22:43, 44	Jn 8:5, 39
Jl 1:1, 25	Mt 22:44, 37	Jn 8:14, 27
Am 1-4, 26	Mt 22:44-45, 37	Jn 8:17, 37
Am 2:12, 24	Mt 23:35, 42	Jn 8:40, 27

II. Una exégesis de los textos clásicos de la inspiración

1 Aquí "Ec" se refiere al libro de Eclesiástico (creo).

IV. El canon de la Biblia

V. Apéndice: documentos relacionados con la Conferencia Internacional de la Inerrancia Bíblica